Une femme parmi tant d'autres

Tome 4

Enice Toussaint

Éditions Nouveau Siècle

Éditions Nouveau Siècle

La maison d'édition "Nouveau Siècle (ÉNS)" propose des œuvres sincères et personnelles où la liberté d'expression prime avant tout. À notre époque, malgré tous les conflits, nous vivons dans un monde de plus en plus unifié. Cela est en grande partie dû aux télécommunications et à une économie mondiale sans frontières. Cette nouvelle forme de réalité facilite les échanges entre les cultures et la conceptualisation d'une identité humaine enfin en harmonie avec elle-même.

C'est dans une telle vision de paix que cette maison d'édition entend promouvoir ses activités : publier des paroles personnelles, nées de l'expérience individuelle, souhaitant témoigner d'un monde en transformation. Pour avancer dans ce nouveau siècle, nous devons aller de l'avant sans craindre le changement, la différence, le fait d'être soi-même, ses pensées et celles des autres. Avec une telle philosophie, des mots vrais, même les plus simples, peuvent contribuer à nourrir le renouveau de notre monde.

Déclaration de mission de "Nouveau Siècle" Partager les pensées et préserver les souvenirs...

Éditeur : Éditions Nouveau Siècle ENS

Adresse courriel: ediontinsens@gmail.com

Site Internet: www.enspublishing.com

Chef de projet :

Natatsha Casimir

Conception de la couverture du livre :

Natatsha, Elle-Camay C. Reason et Max Casimir

Infographie de la page de couverture : Elle-Camay C. Reason

Photographie, Maquillage : Natatsha Casimir

Conception du site Internet: Audio Publishing

© 2001, Éditions Nouveau Siècle et Enice Toussaint

© 2004, Éditions Nouveau Siècle et Enice Toussaint pour la traduction en anglais

Droits d'auteur

Éditions Nouveau Siècle ENS et Enice Toussaint

Tous droits réservés

ISBN: 978-1-80702-327-0 Imprimé

ISBN : 978-1-80702-326-3 Livre numérique

ISBN : 978-1-80702-328-7 Livre couverture rigide

Dépôt légal – 3er trimestre 2025

Droits d'auteur

Bibliothèque nationale du Québec

Bibliothèque nationale du Canada – Livre numérique

Table des Matières

Avant-propos 11

Chapitre 1 13

    Un parcours d'obstacles 13

Chapitre 2 15

    À la rue Benny, Montréal-Ouest 15

        Première partie 15

        Deuxième partie 18

Chapitre 3 22

    La rue Saint-Urbain à Montréal 22

        Première partie 22

Chapitre 4 27

    Rue Lacordaire à Montréal-Nord 27

        Première partie 33

        Deuxième partie 36

Chapitre 5 45

    Pour une cinquième fois, je tente de fuir Jacques 45

        Première partie 45

        Deuxième partie 51

        Troisième partie 62

    Quatrième partie 64

Chapitre 6 71

    Rue Saint-André au Plateau-Mont-Royal. 71

        Première partie 71

        Deuxième partie 77

        Troisième partie 84

Chapitre 7 92

    Troisième retour en Haïti 92

        Première partie 92

        Deuxième partie 97

        Troisième partie 104

        Quatrième partie 114

        Cinquième partie 118

Chapitre 8 121

    Mon incroyable saga avec ma doublure 121

        Première partie 121

        Deuxième partie 132

        Troisième partie 135

        Troisième partie 147

Chapitre 9 149

    Pâques à Montréal 149

- Première partie 149
- Deuxième partie 151
- Troisième partie..152
- Quatrième partie 153
- Cinquième partie 154
- Sixième partie...155
- Septième partie...158
- Huitième partie 161
- Neuvième partie 163
- Dixième partie..167

Chapitre 10 171
Construction de la maison en Haïti 171
- Première partie 171
- Deuxième Partie 175
- Troisième Partie 176
- Quatrième Partie..184
- Cinquième partie 188
- Sixième partie...193

Chapitre 11 202
La trahison..202
- Première partie 202

- Deuxième partie 211
- Troisième partie..215
- Quatrième partie 220
- Cinquième partie 226
- Sixième Partie 231

Chapitre 12 237
- Retour définitif à Montréal 237
  - Première partie 237
  - Deuxième partie 242
  - Troisième partie 246

Chapitre 13 266
- Je rentre à Montréal 266
  - Première partie 273

Chapitre 14 278
- Début de l'année 2002 278

Chapitre 15 282
- Première partie 282
- Deuxième partie 284
- Troisième partie..295

Chapitre 16 300
- Le salon de coiffure, des belles rencontres........................300

Première partie	300
Deuxième partie	302
Troisième partie	303
Quatrième partie	308
Chapitre 17	310
Une lettre de rupture	310
Première partie	310
Chapitre 18	321
Retour de Jacques à Montréal	321

Réflexion de l'auteur

Avant-propos

Ce récit autobiographique nous plonge dans la vie intérieure d'une femme marquée par la sensibilité, la foi, la solitude et les blessures du passé. À travers une narration intime et chronologique, ponctuée de souvenirs et de réflexions, l'auteure dévoile son quotidien avec une authenticité bouleversante : les courses, les déplacements, les relations familiales et les moments de création littéraire deviennent autant de reflets de son état émotionnel.

Autour d'elle gravitent des figures essentielles, Natatsha, Jacques, Lionel, Irène, Robert, Patrick, Max, etc. évoquées avec tendresse ou tension, selon les circonstances. Ce journal de vie, à mi-chemin entre témoignage et quête personnelle, révèle une femme résiliente, en chemin vers la guérison et la reconnaissance.

La spiritualité y occupe une place centrale : la messe, les prières, les fêtes religieuses offrent un cadre rassurant dans le tumulte intérieur. Mais ce sont surtout les liens familiaux, les instants partagés avec sa sœur, ses petits-enfants, son frère, qui apportent lumière et répit.

L'écriture, spontanée et sincère, parfois hésitante mais toujours touchante, reflète une mémoire fragmentée, un esprit oscillant entre passé et présent. Ce livre est une œuvre précieuse, une voix féminine qui ose dire ce que beaucoup vivent en silence : la complexité d'exister, d'aimer, de croire et de se reconstruire.

D, M

Chapitre 1

Un parcours d'obstacles

Entre-temps, une succession d'obstacles commencent à contrarier ma tranquillité. Jacques ne cesse pas de me harceler au téléphone pour me demander de le rencontrer. Je refuse chaque fois. Ma sœur Irène reçoit une lettre d'avocat pour la maison de la rue Boyer, elle avait endossé pour nous l'hypothèque sur la maison. C'est donc à elle que la banque fait parvenir la demande de remboursement. Cette nouvelle me bouleverse profondément. Il faut très rapidement résoudre ce problème. En fin de compte, elle trouve un moyen de payer les arrérages. Et nous mettons la maison en vente pour pouvoir nous débarrasser de cette dette. Je souhaite trouver du travail, mais je n'ai pas encore la santé ni la force que cela nécessiterait.

J'ai recommencé à faire de l'angoisse. Je me souviens de cette date du 10 juin 1997, alors que j'ai annoncé à Jacques que ma sœur avait reçu une mise en demeure de la banque et qu'elle avait réussi à rembourser le montant dû pour obtenir la paix. Je n'oublierai jamais ce moment. Il m'a promis qu'il le ferait son possible pour rembourser toutes les dettes à ma sœur.

Encore cette fois-là, je l'ai cru. Je reviendrai plus sur toute cette histoire.

Dans l'intervalle, ma fille ne se portait pas bien du tout. À huit mois de grossesse, elle perdait du sang. Elle s'est rendue à l'hôpital pour des tests. Les médecins cherchaient à détecter ce qui n'allait pas. J'avais peur. Ses jambes et ses pieds étaient enflés. La circulation ne se faisait pas normalement. En dernière analyse, les médecins lui ont recommandé du repos. J'ai dû alors me rendre beaucoup plus souvent chez elle pour m'occuper de la maison et de sa fille Elle-Camay quand son mari allait travailler. Tous ces déplacements devenaient bien lourds pour moi.

Elle et moi nous avons discuté de ce problème et j'ai décidé de n'être plus pensionnaire au couvent. Ainsi, Jacques ne pourrait plus me harceler au téléphone. C'est quand même avec beaucoup de regret qu'à la fin du mois je suis partie du couvent, pour aller vivre avec ma fille à la rue Benny, près de la rue Sherbrooke à N.D.G. (Notre-Dame-de-Grâce).

Chapitre 2

À la rue Benny, Montréal-Ouest

Première partie

La cohabitation avec ma fille

L'appartement de la rue Benny était un grand 4 ½ au haut d'un duplex. Ma fille et les siens habitaient le haut en attendant de descendre au rez-de-chaussée. Cela en prévision de l'achat de la maison. Le rez-de-chaussée n'était pas loué ; on avait quand même accès au logement du bas. Nous pourrions effectuer notre lavage au sous-sol. L'appartement était bien aéré et d'une grande clarté. J'occupais une chambre avec la petite Elle-Camay, nous étions bien installées. Le rez-de-chaussée était plus vaste. Il y possédait une grande chambre au premier de même qu'une salle à manger, un salon, une grande cuisine, des toilettes. Le sous-sol faisait partie intégrante de la maison. Celle-ci comptait trois chambres à coucher, un bureau, des toilettes et la salle de lavage.

Mon fils habitait avec sa financée pas loin de chez ma fille à la rue Sherbrooke Ouest, près de la rue Cavendish. Nous pouvions nous rendre à pied chez lui. Ainsi, la famille pouvait se raconter plus souvent. Nous avions accès à une bibliothèque située près de chez nous. Et l'église se trouvait sur la rue de Terrebonne au coin de la rue Benny, à 10 minutes de marche de chez nous.

Tout se passait donc bien pour nous. Le soir, Patrick nous racontait des histoires plaisantes pour nous faire rire. La petite était contente que je sois avec eux. Notre gros chien Sisley était drôle à sa façon. Parfois, il se sauvait de la maison. Natatsha et moi, l'appelions, il faisait semblant de ne pas nous entendre. Une bonne journée, quelqu'un nous avertis de venir le chercher. Mais une autre fois, il était parti pour de bon ; il n'était jamais revenu. Toute la famille s'ennuyait de lui. Il était un bon chien.

Pour un temps, j'avais décidé de ne plus prendre contact avec personne, à part ma famille proche. Je tenais retrouver ma paix.

Chaque dimanche, nous allions à l'oratoire Saint-Joseph, puis nous allions nous détendre au lac aux Castors.

Un jour, j'ai engagé une discussion avec ma fille au sujet de

Max et de son père Tony. J'ai soumis à Natatsha mon idée de faire

Max rencontrer son père biologique. Je comptais aussi accomplir le geste pour ma propre paix intérieure. Ma conscience serait en effet désormais en paix. Elle a trouvé que c'était bien pensé. J'en ai discuté également avec ma mère adoptive qui m'a émis ce conseil : C'est très bien, ton idée, mais il faut te préparer à ce que, si l'un ou l'autre n'accepte pas, tu n'en sois pas affectée. Elle m'a promis qu'elle prierait pour moi.

Alors, j'ai aussitôt entrepris les démarches J'ai commencé par en parler à mon fils. Il a réagi par ces propos : Si je le fais, c'est pour toi, parce que j'ai trop de mauvais souvenirs de cet homme. Comme il partait sous peu pour New York avec sa financée, il m'a proposé d'attendre son retour. Ma fille m'a fourni le téléphone de Tony.

Sur le champ, quand j'ai appelé celui-ci, il était d'accord. Il m'a convié le rappeler pour fixer un rendez-vous. Deux semaines plus tard, au retour de mon fils, j'ai téléphoné à Tony pour planifier une rencontre dans un restaurant. Il m'a fait cette surprenante réponse : Mon avocat m'a avisé de ne pas aller au rendez-vous, alors, je ne viens pas. Je lui ai à mon tour répliqué : Tu sais maintenant que je peux dormir tranquille, parce que Dieu voit que j'ai fait mon devoir. Et j'ai immédiatement, raccrochée.

Dès lors, je me suis sentie en paix avec moi-même, et je n'y ai plus pensé. Max, de son côté m'a assuré que le refus de son père ne le dérangeait pas et qu'il avait accepté de le rencontrer juste pour moi. Je lui ai signalé que j'étais contente qu'il juge la situation de façon positive. Sœur Berthe, ma sœur et ma fille étaient heureuses de constater que je prenais bien les choses. Telle fut d'ailleurs la fin de cette partie de ma vie. Entre-temps, j'étais très occupée à prendre soin de ma fille et de son poupon Elle-

Camay à la maison. Le seul insupportable inconvénient : j'étais obligée de descendre au sous-sol pour faire le lavage

Deuxième partie

L'accouchement de Natatsha

Vers le 15 juillet, nous avons déménagé dans le bas du duplex. Le lavage devenait maintenant plus facile pour moi. Ma petite-fille Elle-Camay et moi avions nos chambres au sous-sol. Natatsha et son mari dormaient dans la chambre du haut. L'occupante précédente de la maison était décédée sur les lieux. En faisant le ménage de ma chambre avant d'y emménager, j'avais trouvé une couronne mortuaire dans la penderie. Depuis que nous nous étions installées dans l'appartement du bas, je ressentais toujours une présence. La nuit, je faisais des cauchemars. Elle-Camay était une enfant très calme. Quand elle pleurait durant la nuit, vu que sa mère ne pouvait pas prendre soin d'elle, sa chambre étant à côté de la mienne, c'était moi qui m'en occupais.

J'ai parlé de mes cauchemars et de cette présence dans la maison à Patrick. Il m'a avoué, qu'il éprouvait la même impression. Une nuit, alors je dormais, j'ai ressenti tout à coup une présence et la personne s'est hissée sur moi ; je me suis battue avec elle et je me suis réveillée en sueur. J'ai prié Dieu. Le lendemain, j'ai encensé la chambre et toute la maison. Je restais un peu craintive. Il y avait encore dans la maison des meubles qui avaient appartenu à la madame. Natatsha et Patrick les ont vendus dans une vente-débarras.

J luttais contre une grande fatigue. Un jour, nous sommes allées à l'église et ma fille ne pouvait plus marcher. Elle saignait encore. Nous l'avons emmenée à l'hôpital Saint-Luc, sur la rue Saint-Denis, parce que son médecin y travaillait. On s'est aperçu que le sang de l'enfant mélangeait avec celui de la mère. On s'est donc préparé pour lui faire une césarienne trois semaines avant la naissance présumée du bébé. Il est né le 28 juillet 1997. Il était très gros. Il pesait 10 livres et demie, et mésuserait vingt et un pouces et demi. Vu qu'il était né prématurément, il faisait juste dormir et téter le lait de sa mère.

Deux jours après notre retour à la maison, le lait de la mère n'était pas suffisant. Nous avons donné au bébé un autre lait et deux semaines plus tard, nous avons commencé à y ajouter des céréales. Il avait toujours faim. À la naissance de l'enfant, Jacques était venu à l'hôpital. Cela faisait très longtemps que je ne l'avais pas vu. Sa rencontre n'a produit sur moi aucun effet. J'étais trop préoccupée à veiller sur les miens.

Natatsha a appelé son garçon Mikaël Raphaël Patrick. Il était en bonne santé. À son retour, de l'hôpital, Natatsha se portait mal. Vu qu'elle est anémique, elle a subi une crise de frisson et de faiblesse. Patrick et moi, faisions notre possible pour nous s'occuper d'elle et des deux enfants. Je ne trouvais pas une minute de repos. Au bout d'une semaine, la santé de Natatsha s'est améliorée. Elle prenait maintenant soin du bébé et moi, je m'occupais de la maison.

Jacques avait au début pris l'habitude d'appeler très souvent chez Natatsha. Je suggérais à ma fille de lui faire croire que j'étais absente. Un jour, il a annoncé sa visite à Natatsha, sous prétexte de venir voir ses petits-enfants. Un autre jour, il m'a invitée à souper au restaurant. Il jurait que depuis son accident il avait changé, qu'il n'était plus le même homme et qu'il ne voyait plus la vie de la même façon. Bref, des paroles de séduisant, comme d'habitude. Je me tenais sur mes gardes. Je veillais à ne pas tomber dans un autre de ses pièges. Mon constant état de fatigue ne me facilitait cependant pas les choses.

Un jour, il m'a fait part de son intention de m'emmener à acheter une robe et des chaussures. L'idée ne me plaisait pas, sur le coup. Je lui ai promis que j'allais y réfléchir. Puis je me suis dit, qu'après tout je les méritais, alors j'ai accepté. Il est venu me chercher. Je l'ai questionné sur le fait qu'il possédait autant d'argent. Il m'a raconté qu'il avait décroché un gros contrat. Il insistait pour que j'aille faire l'amour avec lui. J'ai résisté. Il m'a soutenu qu'il m'aimait. Je lui ai expliqué que je n'étais pas prête et que mes blessures étaient encore ouvertes. Il m'a offert de partir en voyage avec lui. J'ai refusé. Je lui ai signalé savoir que ma fille avait besoin de moi. Toutes ces attentions, il ne me les accordait pas dans le passé. Il essayait maintenant d'être gentil, doux et généreux à mon égard.

Patrick est passé chez le notaire pour l'achat de la maison. Celui-ci lui a annoncé qu'il avait découvert une fraude cachée sur la maison et que c'était lui qui devait le rembourser. Patrick a refusé, on lui a remis son acompte. La petite famille est alors allée habiter chez la mère de Patrick à Repentigny en attendant d'acheter une autre maison. De mon côté, j'ai été hébergée par mon amie Laura pendant que j'étais à la recherche d'un appartement.

Chapitre 3

La rue Saint-Urbain à Montréal

Première partie

Mon séjour chez mon amie Laura en octobre 1997

À mon arrivée chez Laura, je n'étais pas tellement en forme.

E faisais de crises d'angoisse. J'avais mal au dos, au cœur. Je ne me sentais pas très bien et je ne dormais presque pas la nuit. Quelquefois, j'avais tellement mal à mon côté gauche que j'avais envie de m'ouvrir pour détecter ce qui me faisait souffrir à ce point. Mon médecin me répétait qu'à part mon hernie discale, il ne rien d'autre. Pourtant, je ne me portais pas bien. Personne ne réalisait ma souffrance, sauf mon médecin et moi.

Jacques, lui, il m'appelait chez mon amie. Un jour, il m'a amenée à un motel sans me prévenir. Cette fois-ci, j'ai fait l'amour avec lui. Mais je me sentais coupable. Je me souviens qu'une fois l'acte sexuel terminé, il m'a avoué qu'il s'était agi de sa dernière tentative. Si celle-ci n'avait pas abouti, il n'aurait pas pu vivre sans moi. Mais il aurait recommencé à se battre pour m'avoir. Malgré tous ces beaux mots, je restais sur la défensive, je n'avais plus confiance en lui.

Je l'ai informé que je cherchais un appartement. Il m'a indiqué savoir qu'un de nos amis qui possédait des immeubles à Montréal-Nord avait des logements disponibles. J'ai appelé cet ami qui m'a conseillé de m'adresser à son concierge, ce que j'ai fait. Le concierge m'a fait visiter un 4 et demi et la même journée, j'ai signé le bail. J'étais contente d'avoir mon appartement à moi toute seule.

Voici ce que j'ai écrit dans mon journal.

Le 23 septembre 1997 — Journal

Il est 3 heures du matin et je n'arrive pas à dormir. Je suis réveillée, je ne sais pas depuis quand. Je suis toujours chez Laura.

Je cherchais un appartement et j'en ai trouvé un, grâce à Dieu. Je l'en remercie.

J'ai déménagé durant la fin de semaine. Ce n'est pas parce que je ne suis pas bien chez mon amie, loin de là, C'est parce que depuis deux ans, je me promenais de gauche à droite chez la famille ou chez des amies. Maintenant, c'est le temps de me prendre en main. Et de plus, je veux être autonome et j'ai beaucoup de choses à faire. Jacques souhaitait venir habiter avec moi. Je lui ai fait comprendre que maintenant, je ne voulais pas vivre avec personne. Je voulais être seule pour pouvoir prendre soin de moi et pour écrire. C'était important pour moi.

J'arrête, il est une heure du matin. Je vais me coucher à demain.

Suite de mon journal

Moment présent

Le 17 décembre 2006

Ces jours-ci, je n'ai pas beaucoup de temps à consacrer à l'écriture. Vu que c'est la période de fêtes, je suis obligée de partager mon temps avec la famille, les amies, les collègues de sport, les gens qui ont besoin de moi. Je dois acheter des cadeaux et faire des invitations pour Noël. Malgré tout cela, je me sens en pleine forme.

Noël est une fête que j'aime. À l'époque de Noël, j'oublie tous mes ennuis. Je pourrais dire que je n'ai pas choisi le bon moment pour terminer les cinq années qu'il me reste à écrire. Mai, on ne peut pas savoir quand est-ce qu'on prêt pour faire quelque chose.

J'essaye de m'accommoder à la situation. Je néglige les petites choses que j'aime et les personnes que j'aime pour pouvoir écrire. Je sens que les petits-enfants attendent beaucoup de moi. Mikaël me demandait toujours quand j'allais être finir d'écrire mon livre. Je lui répondais : bientôt.

Lui et Elle-Camay Souhaitent que je vienne passer Noël chez eux. Ils ne n'aiment pas que je passe la veille de Noël toute seule.

Je pense que j'irai chez eux. Mais, je veux rester toute seule parce que je tiens à terminer le récit de mon passé avant l'année 2007. Je ne sais pas si Dieu, lui, m'approuve.

Cette après-midi, je dois aller au spectacle de ballet de ma petite-fille, Elle-Camay à 16 heures à l'université Concordia à la rue de Maisonneuve. (Fin du journal)

Je continue mon récit

Jacques n'était pas heureux de l'idée qu'il n'habiterait pas avec moi. Pour moi, c'était mieux aussi cela. Je lui ai accordé la permission de venir me voir.

Avec tous ces problèmes que j'ai eus, j'avais besoin de me ressourcer. Je vivais encore de là l'angoisse et je me sentais très vulnérable et dépressive. J'en ai informé ma fille et mon fils pour qu'ils puissent mieux comprendre mon état. C'est que parfois, ils me disaient : Mammy, on ne comprend pas ce qui ne va pas avec toi ! Dis-le-nous !

Franchement, je ne me comprenais pas moi-même dans ce temps-là. J'appelais très rarement ma sœur et cela m'attristait beaucoup. J'ai beaucoup souffert de ce silence entre elle et moi. Je n'en parlais à personne.

Jacques, lui, même si je l'avertissais, qu'il ne viendrait pas vivre chez moi, il était toujours-là, et il prenait beaucoup de place.

Je me sentais étouffée. Il faisait tout pour que je puisse lui demander de venir vivre avec moi. Mais, je suis restée ferme sur ma décision. Le premier octobre 1997, je suis allée vivre en appartement toute seule à Montréal-Nord, à la rue Lacordaire au coin de la rue Henri-Bourassa.

Chapitre 4

Rue Lacordaire à Montréal-Nord

Vivre seule en appartement à Montréal-Nord

Comme j'avais laissé quelques meubles chez mon fils, Jacques m'a offert d'aller les chercher pour moi. Lui et Max sont venus les apporter à l'appartement. Il s'agissait d'un causeuse, d'une. Une petite télévision, d'un fauteuil électrique, d'un petit ensemble de salle à manger comprenant quatre chaises et d'un secrétaire. Vu que je n'avais pas de lit, Jacques m'a amené acheter un matelas avec sa base. Il les a payés pour moi. Je l'en ai remercié, Tout simplement. J'ai terminé de placer mon appartement. Il se trouvait au deuxième étage. Il y avait un long escalier. J'ai installé un bureau dans l'une des deux chambres dont je disposais. Je comptais m'y retirer pour prier et pour méditer à l'occasion. Mais aussi pour écrire un peu, car depuis quelque temps, l'écriture ne me paraissait plus aussi facile.

Un jour, je suis allée rendre visite à ma sœur et mon frère.

Elle ne m'a presque pas regardée. Je suis entrée dans la chambre de mon frère que j'ai affectueusement salué. En partant, j'ai laissé sur la table une lettre indiquant à ma sœur mes coordonnées. Je lui avais précisé que j'habitais désormais seule. Elle avait à peine émis quelques mots. Je la comprenais. C'était pour moi douloureuse et humiliante, mais, je ne pouvais alors rien y faire. Je traversais une phase de ma vie où personne ne pouvait m'aider. Par exemple, je ne me présentais plus à mes rendez-vous avec ma thérapeute. Je me sentais perdue.

Je vivais avec mon angoisse et mes peurs. Jacques venait chaque jour chez moi. Il lui arrivait même de pointer deux fois dans la même journée. Il me harcelait en revenant sur des commérages inventés par Tony, mon ex-mari. Celui-ci répétait à ses amis qu'il pouvait encore coucher avec moi, s'il voulait. Il tenait à ce que j'appelle Tony, avec qui je n'étais plus en contact depuis longtemps pour lui lancer des mises en garde que j'estime tout à fait ridicules. « Jamais, je ne te ferai pas cet honneur ! Ai-je lancé. Je lui réitérais de ne plus revenir chez moi, car j'en avais définitivement assez de tout cela. Jour après jour, il revenait calmement pour s'excuser.

J'avais en même temps l'impression qu'il m'espionnait de loin. Et dans les circonstances, je n'ai jamais accepté qu'il dorme chez moi. Je me promenais souvent dans le quartier. Celui-ci habitait deux centres d'achats. Je m'y baladais fréquemment toute seule. Je n'achetais pas, mais cela me faisait du bien de voir autre chose et de croiser d'autres gens.

Chaque dimanche, Je me rendais l'église Saint-Colette à pied. Ne possédant pas de voiture, je marchais beaucoup. À l'Action de grâce, la famille de Yole, la financée de mon fils m'avait invitée à dîner chez elle.

J'avais accepté l'offre, dans l'intention de faire plus ample connaissance avec elle. J'ai été très bien reçue et j'ai passé une excellence soirée. À mon retour de la maison, je ne me sentais pas bien. J'avais mal au cœur. J'étais de nouveau angoissée. La prise d'un calmant m'a aidée à m'endormir.

Natatsha avait l'habitude de venir passer un ou deux jours chez moi avec ses enfants. J'aimais ses visites, je me sentais moins seule. Je m'amusais avec mes petits-enfants, surtout avec Elle-Camay. Je chantais et je dansais avec elle. Ces moments me plaisaient beaucoup. Je m'étais aperçue qu'avec mes petits-enfants, j'étais heureuse. Parfois, Natatsha les laissait avec moi pour aller faire des commissions. Vu que je n'avais pas beaucoup d'argent, il m'en manquait pour acheter de la nourriture. Jacques venait me chercher chaque vendredi pour aller m'en procurer dans les banques alimentaires. La démarche me mettait mal à l'aise, mais il le fallait. Quant à Jacques, il n'entrait jamais. Il m'attendait toujours dans l'auto.

De retour chez moi, je partageais la nourriture avec lui. Il apportait sa part chez sa cousine, où il habitait. Il m'avait entraînée vraiment bas, sans que je m'en rende compte. Il prétendait qu'il n'avait pas d'argent. Je le croyais, Je reviendrai tout de même plus loin sur cette histoire d'argent.

Malgré tout, je ne lui faisais pas pleine confiance en lui. Vers la fin du mois d'octobre, après maints refus j'ai fini par accepter de faire l'amour avec lui. Cette fois-là, je me suis laissée aller un peu. Il en était ravi. « Enfin, tu as décidé ! S'est-il exclamé. Je lui ai signalé qu'il n'était pas question qu'il reste à dormir chez moi, qu'il fallait qu'il parte. Il a tenté de me faire changer d'idée, mais en vain. Il y avait une voix intérieure qui me soufflait de ne pas relâcher ma virgilance.de ne pas lui faire confiance. Il n'était pas sincère, et il en voudrait encore plus.

Je me confie à mon journal

22 heures. Cet après-midi du 18 décembre 2006, je suis allée au spectacle de ma petite Elle-Camay. Elle a bien performé. Elle était très épanouie. Toute la famille y était. Cela étant, nous sommes allés souper dans un sympathique restaurant. J'ai passé une bonne soirée avec les miens.

Aujourd'hui, en écrivant ce matin, j'ai fait une petite crise d'asthme ; je ressentais le même stress que par le passé.

Je poursuis mon le récit

Une bonne journée, après que j'ai fait l'amour avec Jacques,

Il s'est mis à grogner que mes meubles étaient mal placés dans le salon et que je devais changer le fauteuil de place. Ses commentaires ont réveillé de bien de mauvais souvenirs en moi. Je lui ai aussitôt que personne ne pouvait me dire quoi faire chez moi Étant donné que j'avais accepté de faire l'amour avec lui, il se croyait déjà en droit de me dicter ma conduite. Je me suis nettement affirmée. Je ne voulais surtout pas qu'il me marche sur les pieds. Il est reparti sans mot dire. Il est revenu en me harcelant de nouveau au sujet de son désir de passer la nuit chez moi. Nous nous disputions sans arrêt. Il paraissait contrarié quand Natatsha amenait les enfants chez moi. Je le laissais parler. Il venait dès lors moins souvent. Je ne lui prêtais pas d'attention. Je me sentais apaisée quand il ne venait pas.

Les fêtes arrivent. À Noël 1997, je reçois ma petite famille.

L'ambiance est joyeuse et détente. C'est à ce moment-là que Yole et Max prennent la décision de se marier. Jacques est parmi nous. Ce soir-là, il filme le tout. Après le souper, il ramène Yole et Max chez eux.

La veille du jour de l'an, je suis restée seule parce que les enfants ont été invités chez les parents de leurs conjoints. À minuit, je dormais tranquillement dans mon lit. J'avais été inviter moi aussi, mais je voulais être seule chez moi. J'ai prié et j'ai médité. Je me sentais en paix avec moi-même.

Il est minuit, Je vais me coucher

Moment présent

Le mardi 19 décembre 2006

Il est 4 heures du matin. Je suis réveillée depuis 3 heures du matin.

Je n'arrive pas à me réendormir, alors, j'ai décidé de me lever.

J'avais mal à la tête et au cœur. Il faut que je continue à écrire pour pouvoir terminer mon livre. En même temps, je crains d'abandonner ceux que j'aime en ce temps de Noël. Je me sens tirée des deux côtés et cela m'énerve un peu.

Quand je me suis réveillée à 3 heures du matin, je me suis fait un thé de persil et j'ai lu un conte de Noël qu'une bonne amie m'avait laissé et dont le titre est : le message de Juliette. Justement hier soir, sans avoir lu le livre, je parlais de ce message à ma fille. Je lui confiais combien j'étais heureuse de voir Max et Patrick jouer avec leurs enfants. Quelque chose que son père n'a jamais fait avec elle et son frère. Je pense que beaucoup de gens n'y pensent pas. Pourtant, cette conduite aide au développement des enfants. Des souvenirs qui les suivent toute leur vie. Je poursuis mon récit.

Première partie

La maladie de Vivianne — décembre 1997

Durant le mois de décembre, ma sœur adoptive, Vivianne est rentrée à l'urgence à l'hôpital Notre-Dame. Elle avait contracté une infection. Les médecins lui ont décelé un infarctus. Ils lui ont fait un pontage. Elle est restée à l'hôpital pendant deux semaines. Elle est retournée chez elle pour faire sa convalescence. J'allais la visiter très souvent. Ce fut une dure épreuve pour la famille. Elle est restée chez elle durant le temps des fêtes. D'habitude, au jour de l'an, elle passe la journée chez ma sœur. En fait, elle s'amène la veille du jour de l'an pour retourner à son domicile le 2 janvier. Cette fois-ci, elle était seule chez elle. Comme cette nuit-là. J'étais moi seule, je l'avais appelée croyant que ses filles se trouvaient avec elle. Elle m'avait répondu d'une voix triste : « Bonne année ! , elle m'a précisé qu'elle était seule. « Si j'avais su que tu étais seule, je serais venue passer la veille du jour de l'an avec toi lui ai-je signalé. Elle m'a répondu que ce serait pour une prochaine fois et nous avons raccroché.

À cette époque, il s'était installé une extrême froideur entre ma sœur et moi. J'évitais trop d'aller chez elle trop souvent. Je lui téléphonais de temps en temps, mais de son côté, c'était le silence.

Aux fêtes, je suis allée la voir. Elle m'accueillie par un gênant silence. Même si Jacques n'habitait pas chez moi, cela ne lui plaisait pas que je le fréquente. Je respectais sa façon de considérer les choses.

Durant le mois de janvier, ma fille a connu des problèmes avec sa belle-mère. Elle venait plus souvent chez moi. Son mari

Patrick était malade. Elle a par la suite décidé de venir vivre chez-moi seuls avec les enfants en attendant que Patrick achète une maison. Durant son séjour chez moi, j'e me sentais heureuse, mais Jacques n'appréciait pas sa présence. Il venait moins souvent me voir.

Entre-temps, une amie, Hermine, m'a vendu la voiture d'occasion de son mari. J'étais très satisfaite de l'affaire, car je pouvais dès lors faire face à mes besoins plus facilement.

Comme Jacques ne pouvait plus venir me harceler chez moi, à cause de la présence de ma fille, il le faisait au téléphone. Il m'appelait très souvent. Parfois, il appelait puis raccrochait sans rien dire. Quand il venait, il se composait toujours un visage d'hypocrite. Je ne m'en faisais pas. Un jour, il m'a posé cette question au téléphone : Si l'assurance d'auto me dédommage pour mon accident, qu'est-ce que tu feras avec l'argent ? Je lui ai répondu que je rembourserais les dettes que nous avions envers ma sœur. Ah ! A-t-il fait. Et il a raccroché. J'avais l'impression qu'il me cachait quelque chose.

Ce n'est qu'après des mois suivant cet échange téléphonique que j'ai appris qu'il avait déjà obtenu un premier gros montant depuis qu'il recevait de l'argent tous les 15 jours en compensation de son salaire. Pendant tout ce temps-là, déclarait qu'il était dans le besoin et il m'amenait dans les banques alimentaires recueillir de la nourriture que je les partageais avec lui. J'aurais pu laisser cette nourriture pour des gens qui en manquaient vraiment.

J'ai cessé de solliciter les banques alimentaires quand mon amie Laura a été mise au courant. Elle m'a crié : Pas toi, Enice !

Je ne te laisserai pas aller mendier de la nourriture ! Elle était monoparentale. Elle se faisait un devoir de m'apporter un sac d'épicerie chaque semaine. Et Jacques ne réagissait pas. Mais le pire, c'est qu'il en prenait une partie.

Quand je pense à tous ces faits, je me sens révoltée. Mes enfants ne pouvaient pas m'aider, ils avaient leurs propres problèmes financiers. Et je ne voulais quémander auprès de personne d'autre. Ma sœur Irène et nos amis croyaient que je vivais bien, financièrement et moralement, parce que, malgré mes problèmes, j'étais toujours bien habillée et de bonne humeur. Pour tout mon entourage, je menais une existence normale et n'avais pas besoin de soutient.

Pourtant je me souviens que quand j'étais petite, ma mère nous répétait ce conseil : « Il ne faut jamais laisser savoir si ça va mal chez vous, ni du côté financier, ni du côté moral. Il faut toujours être propre à l'extérieur comme à l'intérieur. En vieillissant, ma sœur Irène a continué à me le prodiguer. Encore aujourd'hui, je me suis aperçue que ma fille le transmet à ses enfants.

Pendant le peu de temps où j'ai vécu avec ma mère, j'ai eu la chance d'apprendre beaucoup de choses en l'écoutant parler à mes frères et ma sœur plus âgés que moi. Et je crois que ma sœur a continué le travail avec sœur Berthe. À ce propos, je trouve parfois que Irène est très sévère envers moi. L'une de ses amis m'a un jour confié ceci : Tu sais, Enice, si ta sœur te parle ainsi, c'est parce qu'elle t'aime. Pour elle, toi et Robert, vous êtes ses enfants et tes enfants sont ses petits-enfants.

Sa remarque a sur le coup réveillé quelque chose de très puissant en moi. J'en avais l'intuition, mais mon côté délinquant ne voulait pas le croire. J'étais trop blessée l'intérieurement pour l'accepter. Je me suis rendue compte que plus je rentre dans mon passé, plus je change dans ma nature intime. C'est pour cette raison que j'ai hâte d'arriver à l'année 2003, qui marquera la fin de mon récit autobiographique.

Deuxième partie

Le mort dramatique de Vivianne au mois de mars 1998

Avant d'écrire cette partie de mon passé, j'ai allumé une chandelle. J'ai prié et marché un peu dans le couloir de mon appartement. C'était en vus de trouver l'inspiration et le courage de le faire.

La vie allait bon train. Mes petits-enfants étaient très heureux. J'allais de temps en temps me promener au centre commercial avec eux et ma fille. Patrick venait chaque jour faire une petite visite.

Vivianne avait pris du mieux. Un jour, elle est venue chez moi pour se faire poser des rallonges (de cheveux) par ma fille.

Elle me paraissait en meilleur santé. Quand elle est partie, Natatsha m'a annoncé qu'elle avait quelque chose à me déclarer et qu'elle ne voulait pas que je le répète. Elle m'a confié qu'elle avait l'impression que Vivianne n'avait plus longtemps à vivre. Son corps était là, mais elle est vide à l'intérieur. Je lui ai répondu que nous devions prier pour elle.

Le 27 février, il y a eu cette tempête de verglas qui a causé plusieurs pannes d'électricité. Mais chez moi, aucune perte de courant. Nous en étions très heureux. J'ai remercié à Dieu. Surtout qu'alors J'hébergeais les enfants.

Jacques m'avait appelée pour m'informer que l'électricité était coupée chez lui et qu'il souhaitait venir dormir chez moi. J'ai accepté sa demande. Le soir du 28 février 1998, à son arrivée, nous regardions la télévision dans le salon. Quand ce fut l'heure de dormir, Natatsha comme d'habitude est allée se coucher dans la première chambre avec son petit garçon, Elle-Camay et moi dans l'autre chambre. Nous dormions en laissant les portes des chambres ouvertes. J'avais préparé pour Jacques le sofa du salon. Mais lui tenait à coucher avec moi dans ma chambre, dans mon lit.

Je lui ai déclaré que c'était impossible. Je lui ai fermement expliqué que j'étais prête à l'aider, mais que ne tolèrerais pas qu'il vienne me dicter ma conduite, chez moi.

Il m'a objecté que si je ne le laissais dormir dans ma chambre et dans mon lit, il partirait le lendemain matin, et que je ne le reverrais plus. « Fais ce que tu veux ! ai-je retorqué. Le lendemain, il est en effet parti. Pour un temps, je n'ai pas eu de ses nouvelles. Je ne m'en souciais pas, occupée que j'étais avec ma fille et ses enfants.

Durant la semaine du verglas, Vivianne a vécu un petit malentendu avec ses deux filles. La plus vieille est partie habiter chez une voisine pour un temps en attendant que la situation se calme. La sœur ainée de Vivianne qui vivait en Haïti, Fabienne a appelé pour s'informer de la santé de sa sœur et pour vérifier si le verglas ne leur avait pas causé trop de dégâts. Viviane lui a répondu que santé s'était améliorée, mais que, pour un temps, sa plus vieille fille était partie demeurer chez une voisine. En réalité,

Vivianne n'était pas tout à fait remise. Elle était en convalescence, et remontait tranquillement, mais elle était encore fragile.

Le lendemain après-midi, un membre de la famille d'Haïti a téléphoné pour avertir Vivianne que sa grande sœur Fabienne était décédée, dans le courant de la journée. Vivianne était en état de choc. Elle nous a fait part de la nouvelle. Nous étions stupéfiées de la mort subite de Fabienne. Au même moment, ma sœur, les amis proches et moi, nous sommes allés chez elle pour lui offrir des conseils et du soutien.

Vivianne n'était visiblement pas en assez bonne santé pour voyager. Alors trois jours plus tard, ma sœur Irène et la fille l'aînée de Vivianne Marlène sont parties en Haïti pour les funérailles. Juste avant leur départ, Vivianne a subi une autre crise. Elle est rentrée à l'hôpital. Durant le temps où elle y est restée, j'allais lui tenir compagnie tous les jours de 9 heures à 20 heures.

Au départ de ma sœur pour Haïti, je lui avais promis de prendre soin de Vivianne. Avec son état et le profond chagrin qui l'accablait, il n'était pas question qu'elle soit seule. Les médecins ont décidé de lui faire un autre pontage pour débloquer une artère. La veille de l'opération, l'une de nos amies, Marie, a lavé les cheveux de Vivianne. Cette journée-là, plusieurs personnes sont venues la visiter. Un médecin est entré dans la chambre et m'a adressé cet avertissement : madame, nous allons prendre une chance pour débloquer les artères, mais vous savez, elles sont devenues petits comme des files d'araignée. Il faut prier.

Ma sœur et Marlène étaient parties en Haïti pour un séjour d'une semaine. Leur retour était prévu pour samedi. L'opération de Vivianne devait réalisée dans la journée de samedi de leur retour. Elle s'est bien déroulée. Ce samedi-là, je ne suis pas restée très tard à l'hôpital. Mon but était d'y retourner de bonne heure dimanche matin afin d'amener Vivianne à la messe à la chapelle de l'hôpital.

Le lendemain matin, dimanche, j'avais rendez-vous avec Irène pour nous rendre ensemble à l'hôpital. En entrant dans la chambre où était alité Vivianne, je n'ai exprimé aucun commentaire à ma sœur. J'ai pourtant eu immédiatement l'impression que ses yeux faisaient penser à une personne qui trépasse. Sa figure était fraiche et rayonnante, mais elle n'était au naturel.

Nous l'avons embrassée. Irène pleurait. Nous sommes allées à la messe. Toutes les trois, nous ne pouvions pas arrêter de pleurer, surtout ma sœur. Après la messe, le prêtre et quelques fidèles sont venues nous parler. Nous leur avons fait part de la maladie de Vivianne et des circonstances de la mort de sa sœur.

De retour dans sa chambre, Elle nous a proposé de nous rendre dans la salle d'attente, car nous serions à notre aise pour parler. Elle s'est enduite adressée directement à ma sœur : Je veux que tu me racontes le déroulement de l'enterrement, du début à la fin. Après que nous nous soyons installés confortablement, ma sœur a tout relaté. Je lui ai demandé comment la défunte était habillée et coiffée. Sa description a été très précise : « Fabienne avait une robe blanche avec des barres bleu pâle. On avait fait deux tresses avec ses cheveux. Je restais pensive. Ma sœur a voulu savoir ce qui me préoccupait. J'ai obtempéré à sa demande : hier soir, j'ai vu Fabienne en songe elle était habillée exactement de cette façon. Elles ont paru très surprises de mon rêve.

Comme c'était l'heure du dîner, nous sommes retournées dans la chambre. Son plateau de nourriture était déjà arrivé. Nous l'avons installée dans un fauteuil et placé la table devant elle. Elle refusait de manger. Ma sœur l'incitait à le faire. Son rêve, c'était qu'après sa maladie je parte en Haïti avec elle pour quelques jours. Irène et moi, nous l'encouragions à reprendre courage. Elle était extrêmement triste. Le moment était difficile pour nous trois.

Je ne pouvais pas avouer à Irène la sensation que je j'éprouvais. Je craignais de lui faire de la peine. Je pressentais la mort imminente de de Vivianne. C'était un très puissant sentiment. Nous l'avons installé dans son lit en l'entourant de plusieurs oreillers. Irène a relevé très haut la tête de lit. Elle était dès lors plus confortable. Ma sœur Claire d'Haïti lui avait envoyé une bible et une représentation de la Vierge. Irène les a placées dans ses mains. Elles les retenues et se sont recroquevillées dans son lit comme une petite enfant avec sa poupée. Elle les a mis entre son ventre et son cœur. C'était péniblement triste de la voir. Nous lui avons murmuré : Bye, bye, bye, Vivianne. Elle a répondu par un sourire. J'ai alors présumé qu'elle agissait comme un p e t i t e n f a n t qui rassemblait ses jouets pour partir.

Nous avons rencontré à la porte de l'ascenseur une amie qui allait la visiter. Nous lui avons recommandé de ne pas rester longtemps parce que Vivianne semblait fatiguée et qu'elle avait besoin de dormir. Elle nous a proposé de l'attendre. Elle est montée et revenue très vite. Elle nous a indiqué qu'elle l'avait saluée et qu'elle reviendra avec nous un peu plus tard.

Pour retourner chez Irène à la rue Mentana tout près de la rue Duluth, nous avons traversé le parc Lafontaine, une durée de quelques minutes. À peine ma sœur ouvrait la porte que le téléphone s'est mis à sonner. Irène a juste eu le temps d'enlever ses bottes et de décrocher le récepteur. On l'avisait de retourner sur-le champs à l'hôpital, car Vivianne venait de décéder. Ainsi, alors que nous longions le parc, soit une dizaine de minutes, elle était déjà morte.

C'était atrocement douloureux. Nous avons appelé ses filles et sommes retournées là-bas pour la voir une dernière fois. Quand je l'ai touchée, elle était encore tiède, mais le milieu de sa tête, était froid. C'était certainement la fin. Les deux sœurs sont mortes dans un intervalle de 15 jours. Irène, ne s'était pas remise de ces décès, surtout de celui de Viviane. Pour continuer à vivre, elle avait changé beaucoup de choses dans son quotidien et son comportement.

Ses enfants et toutes ses amies, l'ont profondément regrettée.

Elle aimait tellement la vie ; elle était pleine d'humour et nous faisait rire à en mourir dans nos soirées.

Je n'arrive pas à trouver les mots pour la décrire. Ma fille Natatsha était allée la coiffer et la maquiller dans son cercueil. Sa fille Milly avait accompagné Natatsha. Durant la préparation pour l'enterrement, on m'avait confié sa petite valise qui contenant ses documents importants et ses bijoux Afin que je les mette en sécurité.

Un matin, je me suis donc installée dans mon salon et j'ai touché la petite mallette, avec un grand sentiment de respect.

Avant de l'ouvrir, je me suis adressée à Vivianne : Excuse-moi, je vais entrer dans ton intimité. Aide-moi à le faire, j'ai besoin de toi. J'étais très émue en ouvrant la mallette. Elle avait placé une de ses photos à l'intérieur de la couverture. C'était comme si elle était là. J'ai ressenti sa présence.

C'est une femme que je n'oublierai jamais. Elle a beaucoup souffert dans sa vie d'enfance et d'adulte.

Une petite réflexion

En relatant mon passé, je pense à elle, à mon amie Josie et à toutes les autres femmes qui souffrent en silence, qui n'osent pas en parler ou qui ont peur de le faire. Ou encore, qui sont mortes sans avoir pris le temps de s'en sortir.

Chapitre 5

Pour une cinquième fois, je tente de fuir Jacques

Première partie

Je quitte l'appartement à Montréal-Nord

Mars 1998

Après la mort de Vivianne, j'annonce à Natatsha que je ne resterais pas dans l'appartement. Elle non plus ne voulait plus y demeurer. Je n'avais aucune nouvelle de Jacques depuis deux semaines. Quand il appelait, il ne parlait pas. Je ne voulais plus m'exprimer au téléphone, parce que je sentais que celui-ci était sur écoute.

Entre-temps, Natatsha et Patrick ont trouvé une maison à Ahuntsic dans l'ouest de Montréal, un duplex. La maison était en très piteux état. Il y avait la peinture à faire, le plancher à restaurer, etc. J'ai signalé à Natatsha que nous devions déménager le plus vite possible, sans l'annoncer à Jacques. Je laisserais sur les lieux le bureau et les effets qu'il m'avait prêtés ; je remettrais la clef de l'appartement au concierge. J'ai averti le propriétaire et une semaine après, je suis partie de l'appartement. Au dernier tour du déménagement, un policier est venu frapper à la porte. Il n'arrivait pas à nous indiquer la raison de sa visite. Je ressentais la présence de Jacques au loin. Pour nous faire peur, il pouvait tout oser. J'avais demandé à ma sœur Irène si elle pouvait nous accueillir chez elle pendant quelques jours, en attendant que Natatsha termine la peinture chez elle. Elle avait accepté.

Sa maison disposait d'une très grande chambre. Elle les enfants et moi y dormaient dans la grande chambre. Elle comprenait un grand lit, un petit lit, et un berceau. Natatsha couchait sur un petit lit dans une autre pièce parce que chaque matin, elle partait travailler dans la nouvelle maison et qu'elle revenait tard le soir.

Mikaël le bébé, avait 8 mois. C'était un poupon robuste, très pesant. Quand il se réveillait la nuit, il hurlait littéralement. Ma sœur et moi, nous nous réveillions comme deux folles. Je changeais la couche et Irène préparait le biberon. Une nuit, il est tombé du lit pendant que je tournais la tête pour prendre une serviette humide. Il était déjà étendu sur le plancher. Il n'a subi aucune blessure. Depuis sa naissance, il était si lourd que nous ne pouvions pas le porter dans nos bras.

Un jour, Jacques a appelé chez ma sœur, C'est elle qui a décroché le téléphone., Il lui a demandé à me parler. Je ne sais vraiment pas comment il avait su que je logeais chez Irène. Ce jour-là, il a su à qui parler, parce que ma sœur lui a signifié qu'il n'avait pas le droit d'appeler chez elle. Ils se sont disputés.

Dès lors, nous n'avons plus eu de ses nouvelles. Nous avons passé juste une semaine chez Irène parce qu'elle devrait recommencer à travailler la semaine suivante. Nous ne voulions pas qu'elle soit trop fatiguée. Vu que la maison de Natatsha et de Patrick n'était pas tout à fait prête, nous sommes allées ensuite chez mon fils la semaine d'après. À cause de l'odeur de la peinture encore fraîche, les enfants ne pouvaient pas séjourner dans la maison.

Chez Max, tout allait bien. Ma belle-fille, Yole, m'a beaucoup aidée. L'appartement était spacieux, Max nous avait donné une très grande chambre. Nous avons pu y installer finalement les deux berceaux et mon lit.

Au bout d'une semaine, Natatsha et sa famille ont pris possession de leur maison située dans Ahuntsic à la rue Clarke, non loin de Crémazie ; et moi, je suis restée chez mon fils pour quelque temps en attendant que de trouver un appartement. Je commençais à être fatigué de ces va-et vient, de vivre dans mes valises et j'avais besoin de repos. J'avais aussi besoin d'avoir la tête claire avant appeler mon avocat. Je comptais lui parler de la procédure de séparation.

Quelques jours plus tard, je l'ai effectivement appelé. Je lui ai annoncé que je n'étais plus avec Jacques et que j'aimerais le rencontrer pour la procédure de séparation ou de divorce. À mon arrivée à son bureau, il a paru étonné de noter que j'avais repris la procédure de divorce et non celle de séparation. Je désirais obtenir des informations relatives à la police d'assurance automobile de Jacques et aux conditions de dédommagement, après son accident. Il m'a posé quelques questions à ce sujet et m'a promis qu'il me donnerait bientôt des nouvelles.

Entre-temps, j'ai continué ma petite vie tranquille chez mon fils. La maison était calme. Je pouvais me reposer sans être dérangée.

Nous étions rendus au début du mois d'avril 1998. J'ai appris que Jacques avait une copine ; il s'agissait de la même femme qui habitait à Toronto. Son geste ne m'a pas surprise parce que mon intuition me l'avait fait deviner. Le même jour, dans l'après-midi, mon avocat m'avait appris que Jacques recevait de l'argent tous les 15 jours de la société d'assurance automobile. Mais il avait déclaré qu'il ne me donnerait pas une pension. Cette nouvelle aussi, je l'avais prévue ; je m'attendais à ce que la réponse pour la pension sera négative. Je me souviens avoir tenu ces propos à l'avocat : laissez-le, je ne veux pas son argent. En mon for intérieur, j'avais souhaité une bonne chance à Jacques, avec cet l'argent.

Mais l'avocat m'a signalé que le dossier n'est pas clos. Il était en train d'effectuer des recherches pour vérifier si Jacques avait reçu de l'argent en dédommagement, car il devrait, le cas échéance, le partager avec moi. J'ai réagi par ces mots : Vous savez, faites ce que vous voulez. Pour le moment, je dois me concentrer sur ma santé et sur moi-même.

C'était la journée du 7 avril 1998. Après avoir appris toutes ces nouvelles, je me sentais angoissée. J'ai pris un comprimé d'Activant avant de me coucher et j'ai fait une prière. J'ai demandé à Dieu de m'envoyer mon ange gardien et de me donner la joie de l'amour et la paix dans l'âme pour pouvoir passer une bonne nuit.

Cela n'a pas pris du temps. Je me suis vite endormie. J'ai fait un songe. J'ai vu qu'un homme qui ressemblait à l'ami inconnu me berçait. Il était très affectueux envers moi, je me sentais très heureuse. Je goutais une paix que je ne peux pas décrire. À mon réveil, j'étais animée d'une foi que rien ne pouvait enlever. À partir de ce jour, je devenais plus forte. Je désirais foncer et devenir moi-même, mais ma santé était encore fragile.

Nous étions au début d'avril. C'était le temps du carême. La veille du Vendredi saint, je suis allée coucher chez ma sœur. Je savais que c'était un moment difficile pour elle parce que chaque année, Vivianne avait l'habitude de venir dormir chez elle pour pouvoir aller à la marche du pardon qui se déroulait dans les rues de Montréal. Les fidèles partaient à 7 heures du matin de l'est de Montréal, du boulevard Henri-Bourassa à l'église Sainte-Madeleine-Sophie, pour terminer leur marche à l'église Notre-Dame au centre-ville à 15 heures. Sur le parcours, ils faisaient des arrêts dans 14 églises pour prier.

Pour Irène, le cours des choses devenait déprimant, parce que Vivianne l'accompagnait constamment. Si j'ai décidé d'aller chez elle, c'était essentiellement pour l'encourager. Mes persistants problèmes de dos m'empêchaient de marcher trop longtemps.

Ce matin-là, après son départ, je me suis chez Natatsha. Je l'ai aidée un peu avec les enfants. À 15 heures, nous sommes paries avec les enfants assister à la cérémonie du Vendredi saint dans l'église située à proximité. Après avoir embrassé le christ, la petite Elle-Camay était aux anges. Au fil des jours, avec mes va-et-vient, chez ma fille, ma sœur et mon fils, J'étais sans cesse dans mes valises. Je ne disposais pas de demeure à moi, j'étais devenue une quasi-bohémienne.

Toute la famille était prête à m'aider. Mon fils m'emmenait au restaurant, et au cinéma avec sa femme. Notre ami Dédé nous amenait, Irène et moi, à Trois-Rivières et Sainte-Anne-de-Beaupré. Je sortais assez souvent avec ma fille et ses enfants. Mais, au fond de moi, je sentais le besoin d'être chez moi, dans mes affaires. Alors, j'ai décidé de me mettre à la recherche d'un appartement dans un quartier proche de chez mon fils. Les appartements dans ces environs étaient presque neufs. Il restait que je devais prendre une décision. Mais en même temps, j'étais troublée. Je n'arrivais pas à fixer un choix. Est-ce que je devais partir habiter dans une autre province pour un an ou prendre un appartement ? J'arriverais alors à me stabiliser et j'arrêterai de déménager. J'étais découragée de cette situation, celle de passer de maison en maison. En outre, il était temps pour moi de recommencer à écrire. J'ai réalisé que chaque fois que je trouvais un peu de paix et que je me remettais à écrire, il surgissait toujours un événement ou un obstacle qui venait m'empêchait de le faire. Comme mon fils devrait se marier le 13 juin, j'ai pris la résolution de déménager après le mariage.

Entre-temps, les préparatifs du mariage avaient commencé. Il devait avoir lieu dans deux mois, beaucoup de choses restaient à faire. Max et Yole ont décidé de dessiner eux-mêmes leurs cartes de mariage.

Deuxième partie

Mon journal

Je veux insérer ici quelques passages de mon journal pour montrer comment se déroulait ma vie en ce moment-là.

17 avril 1998 — Journal

Ma fille m'a appelée pour me demander de l'emmènera la clinique avec son Mikaël. J'ai passé toute la journée avec eux.

Mikaël avait une bronchite. Vers 15 heures 30, je suis allée chercher Irène pour la conduire au magasin Winners. Je suis ensuite revenue chez moi.

18 avril 1998 — Journal

Max et Yolanda sont partis faire leur épicerie. Je les attends pour sortir, parce que je leur ai prêté la voiture. Dans l'intervalle, je lis quelques parties de mon journal.

Je viens de lire une page que j'ai écrite le 8 juillet 1996. J'ai éprouvé des frissons. Je décrivais la façon dont Jacques me traitait en Haïti. J'ai eu mal au cœur parce que j'avais déclaré que je ne retournais jamais avec lui, sauf si c'était la volonté de Dieu.

Pourtant, je me suis laissé prendre quatre fois encore. Mon Dieu, je ne veux plus jamais reprendre avec cet homme. Je suis tellement bien quand je ne suis pas avec lui. Je n'aurais jamais pensé que je ressentirais autant de haine pour lui. Qu'il aille au diable

Quand Max et Yolanda sont revenus, je suis partie chez Irène et après, je suis allée chez ma fille parce qu'elle voulait participer à un concours des jeunes entrepreneurs. On a parlé de tout et de rien. On s'est amusées avec les enfants. J'étais heureuse.

Je suis retournée chez Irène parce qu'elle m'avait invitée à passer la fin de semaine chez elle. Je suis arrivée vers 21 h 15.

Notre neveu Riva était là. Cela faisait longtemps qu'on ne s'était pas vus. Nous avons parlé de plusieurs sujets. L'une des amies de ma sœur était venue la visiter. Nous avons parlé de Jacques, le locataire de ma sœur qui demeure à l'étage supérieur et qui est devenu son ami. Il est venu nous chercher pour prendre le dessert chez lui et quelques verres de vin. Nous avons dansé. Cette détente m'a fait du bien parce que cela faisait longtemps que je n'avais pas dansé. J'ai passé une bonne soirée et aussi une bonne journée. J'ai dit merci à Dieu.

Dimanche 18 avril 1998 — Journal

À mon réveil ce matin, Irène était déjà habillée pour aller assister à la messe de 7 heures à l'église Saint Jude. Je me suis dépêchée de me préparer moi aussi. Je voulais assister à la messe. À notre retour, à la maison à 8 heures 30, Marcel et Claude des amis de la famille nous ont appelés pour nous faire savoir qu'ils viendront nous chercher à 9 heures 30 pour une messe en honneur de la défunte Viviane à l'église de Notre-Dame de Lourdes sur la rue Sainte-Catherine, coin de Berri.

Après la messe, ils nous ont invitées pour déjeuner chez eux sur la rue Papineau en face du parc Lafontaine. Nous avons bien mangé et bu du vin. Ce fut une bonne matinée.

Après être retournées chez ma sœur, étant donné que c'était la fête de Saint-Denis, patron de l'église qui se trouve à la rue Laurier, au coin de la rue Berri, nous sommes allées assister à la cérémonie qui se donnait à 16 heures, en l'honneur du Saint. Nous avons fait le trajet à pied.

De retour à la maison, nous étions épuisées. C'était l'heure du souper. Notre ami Dédé est venu rendre visite à ma sœur, et elle l'a invité à souper avec nous. Après le souper, je suis partie.

Malgré ma fatigue, j'étais heureuse d'avoir passé une bonne fin de semaine de détente et prière. Aujourd'hui, 19 avril, c'est l'anniversaire de Jacques. Je ne l'ai pas appelé. Je ne lui ferai pas l'honneur de l'appeler. Je ne lui ai pas parlé depuis le 27 février 1998. Il est tard, je vais me coucher. Mais avant, je vais remercier Dieu pour ma journée.

Moment présent

Aujourd'hui, 26 décembre 2006, je suis chez ma fille à Saint-Constant. Je suis installée dans la chambre de ma petite-fille.

J'étais venue pour passer Noël avec la petite famille. Mikaël et sa sœur Elle-Camay me l'avaient demandé depuis un mois. Ils me répétaient qu'ils ne voulaient pas que je passe Noël seule. Je suis ici depuis le 24 décembre. Avant la fête de Noël, je n'ai rien écrit depuis mercredi le 20 décembre. Je voulais partager la joie et la magie de Noël avec mes enfants et mes petits-enfants, ma sœur, mon frère et les amis qui sont chers.

Jeudi, j'ai utilisé la journée pour achever mes achats de cadeaux.

Vendredi, avec ma petite-fille et mon petit-fils, j'ai préparé deux assiettes de biscuits et au pain d'épice et une autre au sucre. Puis des petits pâtés à la viande et au thon. D'habitude, j'en préparais pour en faire cadeaux à ma famille et à mes amis proches, mais, depuis des années, je n'en produis plus. Cette année, j'ai été motivée par mes petits-enfants, De plus, je me sens mieux intérieurement. Quand mon frère Robert a goûté aux biscuits, et aux pâtés, il m'a lancé : Tu n'as pas perdu la main, même s'il y a longtemps que tu confectionnes plus de pâtisseries.

Le samedi le 23 décembre, notre ami Dédé avait invité ma sœur et moi au restaurant. Nous ne sommes pas allés loin de chez Irène. C'était à la rue Rachel, à un restaurant français (Les Infidèles) près de la rue Saint-Hubert. Ce fut une soirée très agréable. Je suis restée chez ma sœur pour la nuit. Je voulais passer un moment avec elle et mon frère Robert. Ma journée avec eux à été excellente. Le lendemain, dimanche j'ai amené Irène faire ses derniers achats de Noël chez le fleuriste (Bernard Flowers) à la rue Bernard. Elle a acheté plusieurs beaux bouquets. Avec moi, elle est allée faire la livraison des fleurs, à ma fille à son salon de coiffure, à sœur Berthe, notre mère adoptive et à une de ses amies. À notre retour chez elle, il était environ 15 heures. Je suis restée juste un moment. Je suis partie vers 16 heures 30 en direction de Saint-Constant, chez ma fille.

J'ai connu un bon Noël chez Natatsha. La veille, nous avons assisté à la messe de minuit à l'église Saint-Constant. À notre retour, nous avons pris un repas et déballé les cadeaux. Le lendemain, le 25 décembre, mon fils est venu avec sa femme et ses enfants. Ils ont à leur tour déballé leurs cadeaux. Les enfants se sont bien amusés. Nous aussi.

Je me sentais tellement heureuse d'être avec ma petite famille. En pensant à tout ce qui arrive dans le monde ; j'étais rayonnante et j'ai remercié Dieu de sa bonté. Je retourne chez moi ce midi. Il neige. C'est la première chute cet hiver et la température est clémente.

28 avril 1998 — journal

Aujourd'hui, je suis allé en thérapie. J'ai beaucoup pleuré, c'est la preuve que j'ai encore beaucoup de choses en moi que je ne sais pas comment me débarrasser.

Les jours passent, ma vie est comme un labyrinthe. Je n'avais pas de repris avec les vas et vient. J'étais toujours en train de transporter un sac de maisons à maison. Je me prenais pour une folle et je l'ai même dit à ma sœur, et aussi l'angoisse m'envahissait.

Une chose qui m'a aidé, c'était la préparation du mariage de mon fils Max. Vu qu'ils habitaient déjà ensemble, cela leur revenait de la préparer leur mariage et de se faire aider par famille. De mon côté, je ne pouvais pas faire grand-chose parce que je n'avais pas d'argent.

Jacques, lui, nous ne comptions pas sur lui. Alors, ma sœur nous a proposé de Nous aider en prenant toute la responsabilité de la réception. Pour cela, je devrais participer manuellement et moralement. Durant quelques semaines, je n'écrivais pas dans mon journal. J'ai repris l'écriture le soir de la fête des Mères.

10 mai 1998 journal

Aujourd'hui, c'est la fête des Mères, je suis allée à une église Anglicane avec mon fils et sa fiancée. J'ai assisté à une belle cérémonie. À notre retour à la maison, j'ai fait une sieste. Je me suis réveillée à 15 heures 30. Cela m'a fait du bien. Je me sentais plus calme, et plus détendue. À mon réveil, j'ai appelé ma sœur.

Et, après Max, Yole et moi, nous sommes allés chez la famille de Yole pour un souper. Au souper, le sujet de conversation était basé sur le mariage. J'ai passé une bonne journée de fête des Mères.

Nous sommes revenus vers 20 heures. Il pleuvine c'est un temps humide. Alors, je me suis mise un peu plus détendue pour regarder la télévision. Merci à Jésus pour cette bonne journée. Fin de journal.

Je continue mon récit

Entre-temps, je devrais trouver un moyen pour offrir un cadeau à mon fils à son mariage. Une de mes cousines Jojo, m'a parlé d'un travail qui pourrait me rapporter un peu d'argent à Ile Bizzard. Je devrais aller remplacer une femme pour deux jours. J'y suis allée. Je n'ai pas pu rester pour les deux jours. C'était trop difficile pour moi, surtout avec mon problème de dos. Il fallait prendre soin de huit personnes. Il fallait préparer leur nourriture, les laver et les coucher pour seulement 40 dollars et j'étais seule avec elles dans une grande maison. J'avais un peu peur. Surtout, je ne savais pas qu'il y avait autant d'ouvrage.

Quand mon fils a su pourquoi je suis allée là-bas, il n'était pas content. Il m'a dit : mamy, je n'ai pas besoin de cadeau, ta présence sera mon cadeau. Tu es là, avec ton amour et ta chaleur, c'est tout que j'ai besoin de toi. J'étais rassurée, mais quand même avec les 40 dollars, je lui ai acheté un petit aspirateur portatif en souvenir. Pourtant, j'avais appelé Jacques pour lui faire part du mariage de son fils. Max lui avait envoyé une carte d'invitation. Il n'a pas donné signe de vie. Bien qu'il eût reçu l'argent de l'assurance d'auto. Je ne connaissais pas le montant. Il n'a pas donné un sou pour le mariage.

Par mon avocat, j'ai appris que Jacques a reçu une somme d'argent. Il m'avait promis de payer les dettes à ma sœur et aux autres gens. Mais au lieu de cela, il était parti en Haïti en me laissant une lettre me disant qu'il m'a laissé sur le terrain qui était en Haïti et de lui remettre 2000 dollars quand je l'aurai vendu. Il m'a fait savoir qu'il n'a pas à donner d'argent pour le mariage. Pourtant, nous ne lui avions pas demandé. Je ne lui ai pas répondu. Je ne voulais pas me stresser avec cela. Pour le terrain, j'avais déjà vendu une partie pour les frais de l'hôpital.

Entre-temps, je ne m'étais pas préoccupé de ces problèmes avec lui. Une seule chose que je devais c'est de garder confiance et avoir la foi.

Voici quelques pages de mon journal.

27 mai 1998 — journal

Je viens de me souvenir que j'ai tout perdu. Mes meubles et toutes mes affaires personnelles sont restés en Haïti. J'ai perdu tous mes bijoux, ma santé. Tout cela à cause d'une seule personne, Jacobi, mais il me reste encore ma dignité.

On vient de me refuser un autre appartement, tout cela à cause de lui. J'ai trop de dettes. J'ai pleuré. Mon doux Jésus j'ai besoin d'une place pour habiter, aide-moi à trouver un appartement pour être chez moi. Tu sais Jésus, je n'en peux plus.

Je ne sais pas si cette fois je peux prendre cela positif, c'est plus fort que moi, je n'y pense plus.

J'ai appelé ma sœur pour lui demander de téléphoner pour louer dans les blocs d'appartements qui se trouvent sur la rue Saint-André, à deux pas de chez elle. J'ai oublié de mentionner qu'après la nouvelle d'hier, j'ai prié à Dieu pour que je sois positive. Tout le temps et que les mauvaises nouvelles ne m'affectent pas. Alors, hier soir, en faisant ma prière j'ai demandé à Dieu de me faire oublier cette mauvaise journée et que je passe une bonne nuit. J'ai dormi toute la nuit sans prendre n'activant.

À son retour, ma sœur m'a appelé pour me dire qu'au lieu de prendre le numéro, elle a fait mieux que cela. Elle a été au bureau, il restait juste un appartement disponible. Elle m'a dit qu'elle a pris rendez-vous dans une heure. Je devrais me dépêcher de venir.

Elle est venue avec moi au rendez-vous. À notre arrivée, la responsable nous a fait visiter l'appartement. C'était un 2 ½ avec une chambre fermée, je le trouvais à mon goût. On est retourné au bureau de location. Elle m'a demandé une carte d'identité, ma sœur lui a fait savoir qu'elle va m'endosser pour l'appartement, alors elle aussi a présenté sa carte.

Elle nous a fait signer le bail, au même instant. C'était comme un miracle. La veille, j'ai eu mon refus et le lendemain j'ai eu mon appartement. Tout cela grâce à ma sœur et grâce à Dieu. Il ne faut jamais se décourager. Il faut juste avoir la foi. J'étais très contente. Je trouve que c'est précieux. Je dois rentrer dans l'appartement le premier juillet.

30 mai 1998 — journal

Je suis réveillée depuis 4 heures. Je n'arrive pas à dormir. Il y a trop de choses dans ma tête. Mon appartement, le mariage de Max, Natatsha qui a beaucoup de choses à faire, et je dois l'aider. Il y avait ma sœur aussi à qui je devrais aider par rapport au mariage de Max.

Hier le 29 mai, je suis allée avec ma sœur et mon frère Robert pour acheter son complet pour le mariage. Tout s'est bien passé. Il a choisi de beaux vêtements de qualité, et des souliers confortables.

Aujourd'hui, j'ai eu une grosse journée. Je voulais aller donner un coup de main à Natatsha qui fait une vente-débarras.

Ma sœur a emmené Yolanda et sa mère pour les fleurs et aussi j'ai une réunion à 19 heures. En tout cas, je laisse le temps faire les choses.

Je ne me stresse pas. Il est 7 heures du matin, je viens de terminer ma prière du matin. Je me sens en forme pour commencer ma grosse journée.

Enfin de compte, vers 9 heures 30 Jacobi, le locataire d'Irène, qui doit préparer la réception dans la cour de cette dernière appelée Max et Yolanda, pour leur dire, de venir pour le choix des fleurs. Ma fille a annulé sa vente-débarras.

La réunion a été annulée, en fin de compte, j'ai juste participé à la vente-débarras de Jacobi et ma sœur. Vers 1 heure, je suis revenue chez moi pour une soirée tranquille. Fin du journal.

Troisième partie

Les préparatifs du mariage de Max

Le mariage de Max aurait lieu dans 13 jours. Il restait beaucoup de choses à préparer. Entre autres, je n'avais pas encore acheté ma robe. J'avais décidé de m'habiller en couleur or. Cela m'a pris toute une journée de courses pour trouver ce que je cherchais : une robe et des souliers de couleur or.

Ma sœur, Jacobi et moi, nous sommes partis en reconnaissance pour la location des chaises, des tables et de la vaisselle. En ce qui la nourriture, les amis québécois de ma sœur, Jacobi, Coco, Marc et quelques autres prévoyaient s'en occuper. Ma sœur avait fait une commande de poulet à un petit restaurant Portugais situé au coin des rues Rachel et Clarke, du bon poulet grillé sur charbon et d'autres plats chez un traiteur. Cette fois-ci, je n'ai pas moi-même fait le gâteau de mon fils. J'étais trop fatiguée et les préparatifs étaient loin d'être terminés. Nous avons donc commandé le gâteau à une boulangerie Portugaise se trouve au coin des rues Duluth et Coloniale. Jacobi devait s'occuper à la décoration des deux terrasses à l'extérieur.

Il y avait donc beaucoup à faire, mais au bout de compte, tout était bien réglé.

Entre-temps, mon avocat m'a signalé que je devais me rendre à la cour pour l'état du dossier de Jacques relativement à la Société de l'assurance automobile du Québec, Un agent de la société présenterait l'ensemble du dossier devant un juge le vendredi 12 juin 1998 à 10 heures du matin, la veille du mariage de mon fils. Je n'avais pas le choix, j'ai promis à mon avocat que je serais présente à la cour.

Voici ce que j'ai écrit dans mon journal le 8 juin.

8 juin 1998 — journal

Aujourd'hui lundi, 5 jours avant le mariage de Max, nous avons beaucoup de choses à faire. Je n'en ai pas écrit depuis une semaine. Je n'ai pas eu de temps. Hier, j'ai été aider par ma sœur Irène à faire le grand ménage chez elle. Nous sommes encore fatiguées, il nous reste 5 jours très chargés. Il est 6 heures du matin, mes journées commencent très tôt.

12 juin 1998 — journal

Il est 10 heures du matin, je suis au Palais de justice. Je me présente en cours au sujet du divorce et d'autres questions.

J'attends ! Je pense que ça va être long parce que l'avocat vient de m'avertir qu'on avait transféré mon dossier à la salle 211.

Mon fils se marie demain, 13 juin. Je suis préoccupée par tout cela. Je ne sais pas ce qui va se passer devant le juge et quel mensonge ou quelle vérité je vais découvrir ? Je dois être positive sinon je vais craquer.

Je prie Dieu que tout se passe bien. J'attends encore. J'ai confiance, mais en même temps un peu de crainte. Je suis venue seule parce que tous mes proches étaient occupés.

Quatrième partie

Le déroulement du mariage et du procès

Il a plu durant toute la journée du mariage. Jacobi n'avait pas du tout imaginé qu'il pleuvrait tant. Vers 1 heure de l'après-midi, mes proches ont acheté des rouleaux en plastique qui serviraient de toit sur la terrasse. Entre-temps, je me suis rendue chez Max pour m'habiller ; c'était moi qui devais conduire Yole à l'église anglicane, celle-ci se trouvait à la rue Sherbrooke Ouest. Il y avait deux prêtes, un anglican, et un autre prête catholique. Le mariage fut célébré dans deux langues, anglaise et française. C'était vraiment beau à voir, Ce qui a le plus frappé mon attention, c'est qu'au moment Yole entrait à l'église accompagnée de son père, une intense impression se dégageait du visage de mon fils, celui-ci était tout illuminé. Max tournait son pied droit, un geste qu'il fait quand il est enchanté. Il avait son franc sourire affectueux. Dans le fond de mon cœur, j'ai songé : Je suis très contente pour lui, il est heureux et il aime cette femme.

C'était extrêmement important pour moi de voir cette impression regard sur son visage. Je me sentais alors bien, moi aussi. Je dois mentionner que durant tout le mariage, je n'ai pas eu une seule pensée pour Jacques. J'étais heureuse pour mon fils. Natatsha n'était pas venue à l'église parce qu'au même moment, elle participait à un concours. Les deux événements étaient prévus pour la même journée. De mon côté, je ne pouvais pas non plus me trouver aux deux endroits en même temps.

Pour la compétition à laquelle prenait part Natatsha, je l'avais beaucoup aidée. Elle devait venir à la réception fixée à 18 heures chez ma sœur. L'église était bondée de gens, provenant autant du côté de Max que celui de Yole.

Les témoins étaient un ami d'enfance de Max et une amie de Yole. Elle-Camay apportait les bagues. Et les filles d'honneur étaient les deux sœurs de Yole et une cousine de Max. Ses membres de notre famille de New York s'étaient déplacés pour le mariage.

À la fin de la cérémonie, la pluie a diminué de force. À notre arrivée chez Irène, il pleuvinait et, quelques minutes plus tard, tout est devenu calme. La réception s'est bien déroulée. J'ai demandé un moment de silence en mémoire de Viviane, parce que je savais que par son esprit elle se trouvait parmi nous. Elle était une femme pleine d'humour qui nous faisait tellement rire, que les circonstances aient été gaies ou tristes. Les mariés sont partis à minuit, et les autres invités ont continué la soirée jusqu'à 2 heures du matin. Jeunes et grands se sont bien amusés. Ma sœur, Jacobi, et moi, nous sommes couchés à 5 heures 30 du matin il restait beaucoup de nourriture et de boisson, nous les avions partagées entre les personnes présentes. Le lendemain, des gens qui n'avaient pas pu venir la veille ont fait leur apparition. Nous avons reçu du monde toute la journée du dimanche. Après tout cela, il fallait faire un grand ménage. Ma sœur et moi, nous étions totalement épuisées. Irène avait pris deux semaines de vacances pour le mariage.

De mon côté, je n'avais pas du tout eu le temps de penser à ma journée du 12 juin au palais de justice. Quand le jour, de l'audience arriva, mon cœur battait à tout rompre et mes mains étaient froides. J'éprouvais de la difficulté à respirer. Maître Cardinal est venu me voir. Il m'a touché à l'épaule gauche. Il m'a chuchoté : Tout va bien se passer, vous n'inquiétez pas. L'agent de la SAAQ est arrivé peu après.

Dans l'intervalle je priais avec ferveur, Mon niveau de stress était très élevé. Je prenais en même temps de grandes respirations.

Le juge est entré et s'est assis. Mon avocat a exposé mon cas et le juge nous a posé quelques questions. Puis il a demandé d'entendre le témoin représentant de la SAAQ. Quand celui-ci a commencé à énumérer les indemnités que la SAAQ avait versées à Jacques, je me suis sentie comme dans un autre monde. De temps en temps, le juge me répétait cette question : Madame, ça va ?

Totalement confuse, je répondais oui timidement les sons sortaient à peine de ma bouche. Jacques avait reçu en tout plus de 100 mille dollars en dédommagement et il continuait de toucher une indemnisation tous les 15 jours. Après avoir entendu le témoignage de l'agent de la SAAQ, le juge a tranché : monsieur devait verser une pension de 100 dollars à chaque mois à madame et la moitié de l'argent du dédommagement. Le juge avait demandé pour Jacques, l'avocat lui a fait savoir que monsieur était parti pour habiter en Haïti en emportant tout l'argent.

Quand nous sommes sortis de la salle d'audience, mon avocat s'est approché de moi et m'a murmuré : Vous avez eu tout un choc, n'est-ce pas ? Moi aussi, j'en ai encaissé un. Il n'ignorait pas que Jacques avait empoché tant d'argent. Mais il avait appris, au cours d'une brève enquête, que mon mari avait tenté s'obtenir une pension de la SAAQ. Personnellement, lui ai-je signifié, je ne désirais aucune pension ; Jacques pouvait bien garder tout l'argent ; je ne voulais plus rien savoir de toute cette question. S'étant aperçu que je frissonnais, maître Cardinal m'offre de me conduire chez moi. J'ai décliné l'invitation, lui assurant que tout irait bien. Il m'a conduit jusqu'à l'extérieur et a attendu que je monte dans l'autobus car ce jour-là, je n'avais pas pris ma voiture. J'avais mal à la tête et au cœur. Un fort sentiment d'angoisse m'étreignait. Dans le bus, j'ai fermé les yeux. J'ai pleuré en silence. Je souffrais à l'intérieur.

J'ai répété cette prière doucement dans mon cœur : Jésus, Jésus, Jésus, viens m'aider. Demain, c'est le mariage de mon fils. Fais qu'en arrivant chez ma sœur, je n'aie plus de peine. Aide-moi, Jésus.

À la suggestion de mon avocat, j'avais appelé ma sœur pour lui donner un aperçu du cours des événements. Maître Cardinal tenait à ce que je prévienne l'un de mes proches que j'étais en route.

Juste quelques minutes après mon arrivée chez ma sœur, il a téléphoné pour vérifier que j'étais bien rendue. Il m'a conseillé de bien prendre soin de moi. Ma sœur m'avait préparé une tisane à la verveine. Je lui ai reparlé brièvement de ce qui s'était à la cour, tout en lui signifiant le silence complet auprès de mes enfants, et surtout de mon fils dont le mariage était imminent. Bref, c'est ainsi que j'ai pris connaissance de cette mauvaise nouvelle à la veille même du mariage de mon fils, alors que je ne disposais pas du tout des moyens d'acheter un cadeau pour lui et sa femme.

En rétrospective, j'ai constaté que chaque fois la famille vivait un événement important, Jacques s'éloignait. Cela a toujours été ainsi. Par la suite, il émettait ce prétexte : Je sais que ta sœur est toujours là pour vous aider financièrement. Si ma sœur nous aidait, c'est parce qu'elle ne voulait pas nous voir souffrir. Je ne la remercierai jamais assez pour tout ce qu'elle a fait pour moi et mes enfants, Le même que pour Jacques. Après le mariage de Max, je suis demeurée durant deux semaines chez ma sœur.

Retour dans mon journal.

21 juin 1998

Il est 16 heures 30, je reste devant une page blanche sans savoir quoi écrire sur le mariage de mon fils et le concours auquel s'est inscrite ma fille et ma présentation à la cour. Il y a tellement de choses à dire que je ne sais pas par quoi commencer. Tout se bouscule dans ma tête chaque jour. Je suis actuellement chez ma sœur, assise à la terrasse du jardin. Depuis le mariage de mon fils, j'ai décidé de passer quelques jours chez elle pour donner à Max et sa femme la chance d'être seuls et d'avoir une bonne lune de miel. Je suis chez elle temporairement parce que je dois déménager. J'ai hâte parce que je veux me retourner dans mes affaires.

Aujourd'hui, c'est la fête des Pères. Natatsha a organisé un souper au restaurant à l'intention de Patrick. Ce matin, Patrick m'a déclaré savoir que j'étais une mère et en même temps un père. C'était comique, et nous en avons ri.

Chapitre 6

Rue Saint-André au Plateau-Mont-Royal.

Première partie

Déménagement à la rue Saint-André

J'ai pris possession de l'appartement le premier juillet. Ma sœur et moi, nous sommes allées y faire du nettoyage en attendant que je déménage, je n'avais pas encore récupéré tous mes meubles. L'appartement se trouvait à cinq minutes de chez Irène. Pour moi, cela tombait bien, je me sentirais moins seule.

Retour à mon journal intime

4 juillet 1998

Il est midi. J'attends ma sœur Irène avec laquelle j'irai faire des commissions. Je me sens un peu triste depuis deux jours. Je ne sais pas pourquoi. Je fais beaucoup de cauchemars.

Mon appartement est un 21/2. Il n'est pas très grand, mais il est très propre. Il est situé au rez-de-chaussée. La salle de lavage est à l'étage. Il donne face à la rue. Ma sœur m'aide à tout mettre en ordre.

Je dors encore chez elle en attendant la livraison de mon lit et des quelques meubles que je possède pour dimanche.

Max a décroché un très bon contrat chez Bombardier pour faire des plans d'intérieur d'avions. J'en suis heureuse pour lui.

De mon côté, je suis plus ou moins en arrêt de travail. Disons plutôt qu'à cause de mon accident, je ne peux plus travailler comme avant. J'attends d'être tout à fait installée pour en chercher. Je reçois une indemnité de la CSST, mais elle n'est pas suffisante pour subvenir à mes besoins.

Je ne pense plus avoir un homme dans ma vie. Je serais très difficile sur ce point. Surtout après toutes les mauvaises expériences que j'ai vécues. Ces jours-ci, je pense beaucoup à tout ce qui se passe dans la famille à cause de Jacques. Mes enfants se sont disputés avec ma sœur Irène à cause de lui. Ils sont tellement sensibles à mon égard.

Max n'avait pas accepté cela. Mais je m'en sens coupable et je le regrette. Mais Jacques est le vrai responsable. Je ne lui pardonnerai jamais pour tout ce qu'il nous a fait alors qu'il habitait avec nous. Il a fait le maximum pour nous rendre malheureux, pour nous causer de la peine. Il préparait sans cesse des mauvais coups. Il prétendait de ne pas se sentir responsable. Dès qu'il n'était plus avec nous, il travaillait, il mettait de l'ordre dans ses affaires. Selon moi, j'étais la personne qu'il prenait le plus plaisir à faire souffrir.

Quelquefois, je venais juste de faire le ménage, il s'arrangeait pour laisser tomber des déchets n'importe où dans la maison. Et il grommelait qu'il revenait à moi de nettoyer la saleté.

Un jour, Max m'a confié ceci : Maman, depuis, que je suis tout petit, j'entends mon père t'humilier en te disant de ramasser toutes ces choses qu'il laissait traînées et que c'était ton travail. Mammy, si tu savais comment cela me dérange à l'intérieur. Parfois, j'ai envie de le frapper, mais je ne le fais pas pour te protéger.

Demain, 5 juillet, c'est l'anniversaire de ma fille. Je n'aurai pas d'argent pour lui offrir un cadeau. C'est regrettable. Avec mon appartement à payer, ainsi le téléphone et l'électricité, je ne n'ai plus d'argent pour la nourriture. C'est pour cela que je dois trouver un petit emploi. Ma sœur m'aide un peu pour la nourriture.

Revenons au déroulement du déménagement

En fin de compte, Max a trouvé des amis pour l'aider au déménagement. Nous étions rendus au 6 juillet. La compagnie de meubles est venue livrer le lit le 7 juillet. J'ai pu dormir dans mon appartement et j'ai passé une bonne nuit. J'en étais enchantée. Le lendemain matin, notre ami Dédé est venu peindre l'appartement.

Nous avons pris ensemble le déjeuner. C'était mon premier repas dans la maison.

Après m'être installée chez moi, j'étais devenue plus stable.

Ma fille m'invitait parfois à aller à la plage avec elle et sa famille à Oka. Ces petites sorties me changeaient les idées. Par moments, de mauvais souvenirs refaisaient surface. Vu que j'habitais seule, j'en souffrais. De temps à autre, j'estimais que je n'étais pas prêtre pour être seul dans un appartement. Je me sentais extrêmement vulnérable. L'instant d'après, je jugeais qu'il me fallait tenir bon. Au moins, j'ai un toit sous lequel m'abriter. La stabilité devenait pour moi un impératif. Je manquais d'argent, mais je ne voulais pas en demander à ma sœur ni à mes enfants. Je leur faisais croire que tout allait bien moralement et financièrement.

Au lendemain du mariage de mon fils, j'ai commencé à me sentir malade. Je n'en ai pas touché un mot aux miens pour ne pas les inquiéter. J'éprouvais une douleur au côté gauche, au point que par moments j'avais envie de m'ouvrir pour trouver ce qui me faisait mal. De plus, toujours mal à la tête. Bref, je n'allais pas bien. Vu que mon médecin de famille était en vacances, J'ai joint un médecin vietnamien que j'avais l'habitude de consulter quand j'habitais à la rue Boyer. Sa clinique était située à la rue Christophe Colomb près de la rue Beaubien.

Après m'avoir auscultée, elle m'a envoyée passer un électrocardiogramme la même journée à l'hôpital Jean-Talon. Le lendemain, c'était un vendredi sa secrétaire m'a appelée pour m'aviser que le médecin aimerait me voir le lundi suivant. J'en ai parlé vaguement à ma sœur. Le dimanche matin, ma sœur m'a proposé d'aller faire un tour avec elle. Elle m'a alors parlé de ma mine qu'elle ne trouvait pas bonne. Elle insistait pour savoir ce qui n'allait pas. Je lui ai décrit mes symptômes. Ceux-ci n'avaient pas disparu. Elle a décidé de m'amener aux urgences de l'hôpital Notre-Dame. Je me rappelais que Vivanne était morte dans l'hôpital, je craignais qu'on juge nécessaire de m'y garder.

Dès mon arrivée, j'ai été examinée par un médecin et j'ai reçu une injection de sérum en même temps qu'on me faisait prendre deux comprimés d'aspirine. Après plusieurs examens, les résultats ont révélé que je souffrais de plusieurs problèmes de santé. La circulation du sang ne se faisait pas bien ; j'avais contracté une infection ; mes riens fonctionnaient au ralenti. J'étais accablée d'une extrême fatigue et passablement déprimée. Mon estomac ne fonctionnait pas normalement ainsi que mon intestin.

Bref, mon état de santé était manifestement défaillant. La solution : L'hospitalisation. Le lendemain, j'ai été mise dans une chambre privée au troisième étage, numéro 3014.

Ma sœur avait donc bien fait de me conduire à l'hôpital, car je commençais à perdre le sens de la réalité. Je vivais de moments excessivement pénibles. Je me souviens qu'à la fin du mois de juillet, j'ai passé une nuit de douleurs insoutenables. Je pensais perdre la tête tellement je souffrais. J'étais vraiment mal en point.

J'ai passé 18 jours à l'hôpital. J'ai beaucoup dormi. À mon retour à la maison, je me sentais épuisée et fragile, Irène a pris constamment soin de moi. Ma sœur Claire est rentrée d'Haïti avec son mari et son petit-fils Samy pour un séjour d'un mois. Durant ma convalescence, je n'écrivais pas. Je laissais mon esprit se reposer. Au cours du séjour des visiteurs d'Haïti, je me suis appliqué à les faire visiter de nombreux quartier de la ville. J'ai aussi accepté de les accompagner à New York en autobus. Irène n'aurait pas pu le faire à cause de son travail.

À New York, mon beau-frère Goslin qui est diabétique, a été victime d'un excès de chaleur, au point que sa pression et son taux de sucre ont subi une forte baisse. Il est devenu très faible.

Pour le retour à Montréal, nous avons dû voyager en voiture. L'un de mes frères qui vivait à New York est venu nous conduire dans sa très formidable Cadillac climatisée et neuve. Ma sœur et les siens ont été ravis de leur séjour à Montréal. Après leur départ pour Haïti, Je me sentais totalement exténuée et vidée de toute énergie.

23 heures 30.- J'arrête pour ce soir. Je me sens fatigué.

Bonne nuit.

28 décembre 2006

Deuxième partie

Retour surprise de Jacques à Montréal

Au début du mois de septembre, précisément le 5 septembre 1998, j'ai téléphoné à la cousine de Jacques. À ma grande surprise, c'est lui qui a répondu. Sans articuler un mot, j'ai raccroché à l'instant même. C'est que je ne m'attendais pas à entendre sa voix, puisqu'il était censé se trouver en Haïti. J'ai déduit de l'incident qu'il agissait en hypocrite et que je devais rester sur mes gardes.

J'ai informé mes enfants que Jacques était revenu d'Haïti. Ils m'ont incitée une infinie prudence, d'autant plus que manifestement j'étais encore vulnérable. Je leur ai promis que je fournirais un réel effort de vigilance, tout en m'efforçant d'apaiser leur inquiétude.

Vers le 11 septembre, Jacques m'a appelée pour avoir de mes nouvelles. Il m'a indiqué qu'il avait appris que j'étais malade.

Nous avons parlé de tout et de rien. Il m'a offert de le rencontrer. J'ai refusé net. J'ai voulu savoir comment il s'y était pris pour obtenir mon numéro de téléphone. Il m'a avoué qu'il l'avait soutiré de sa cousine. Il m'a enfin lancé cette affirmation presque péremptoire : La prochaine fois, j'espère que tu accepteras mon rendez-vous parce que j'ai quelque chose à discuter avec toi au sujet des dettes et de la maison. Je lui ai répliqué : On verra.

Il a pris l'habitude de m'appeler chaque soir. Quand je notais son numéro sur l'afficheur, je ne répondais pas. Un soir, j'ai par mégarde décroché le téléphone ; il s'est empressé de me signaler qu'il avait laissé plusieurs messages et que je ne l'avais pas rappelé. J'ai admis que j'aurais dû le faire, mais que j'avais été très occupée. Il m'a proposé un rendez-vous pour le 12 septembre 1998, en soulignant et que ce fut très important. Le rendez-vous fixé pour 15 heures au restaurant Macdonald de la rue La-jeunesse, tout près d'Henri-Bourassa. Le passage relatant cette rencontre apparait dans mon journal. Le Voici.

Le 12 septembre 1998 — journal
Compte rendu

J'ai rencontré Jacques au restaurant Macdonald à la rue de la jeunesse à 15 heures. J'étais sur les lieux 30 minutes à l'avance.

J'étais indécise. Je sachant pas si je devais rester ou fuir, j'étais tenaillée par la peur. Plus les minutes passaient, plus mon angoisse grandissante. Il faisait beau ce soir-là. J'avais chaud et froid en même temps. J'étais restée assise dans ma voiture garée dans le parc de stationnements. Je scrutais chaque voiture qui arrivait. Je sentais mon cœur battre. « J'espère qu'il ne m'a pas fait venir jusqu'ici pour rien, ai-je pensé. La minute d'après, j'ai songé : Enice, s'il ne vient pas, c'est la preuve que c'est mieux comme ça. Au même instant, il est apparu.

Nous nous sommes serré la main et nous sommes rentrés dans le restaurant. J'étais très nerveuse. Je ne savais pas quoi dire, je ne voulais pas qu'il remarque ma nervosité. En fait, lui aussi, il était nerveux, mais il essayait de le cacher.

Voici comment il a engagé la conversation : Si je t'ai fait venir ici, c'est pour te dire que tu m'as déjà dit en janvier 1997, que tu ne m'aimais plus. Effectivement en juin 1997, il m'avait invité au restaurant. Il m'avait déclaré que si je ne t'aimais pas, il fallait le lui affirmer directement. J'avais alors tranché : C'est vrai Jacques, je ne t'aime plus.

S'il revient à cette histoire aujourd'hui, c'est pour se venger ; il pense réussir à m'impressionner avec cette dispute datant de 1997. Il n'arrêtait pas en ce temps-là de nous faire du mal. J'ai décidé que nous allions considérer toute la question depuis le début pour arriver à déterminer le fond du problème.

Tout d'abord, nous avons discuté calmement et quand les échanges ont commencé à être orageux, nous nous sommes entendus pour regagner l'une une des voitures. Là, a encore monté. En brusquement, je me suis jetée sur lui en lui donnant des coups de poing, en déchirant sa chemise. Je lui répétais que cela faisait longtemps que je voulais le battre pour tout ce qu'il nous avait fait à moi et aux enfants. Je ne pouvais pas m'arrêter. Cela étant, je me suis sentie soulagée. Il désirait me raconter ce qu'il avait fait pendant les six mois. Je lui ai crié que je n'étais pas venue pour cela. Quand il a commencé à me parler de l'argent qu'il avait reçu, je lui ai objecté l'argent n'avait rien à voir avec mes réelles exigences : « Ce que je veux, C'est que tu me laisses en paix, et je suis sortie en trompe de sa voiture. De retour dans mon véhicule, je suis restée sans bouger pendant près de 20 minutes. J'étais complètement vidée, mais je me sentais quand même apaisée.

Quand Jacques s'est aperçu que j'étais encore là, il est venu me demander si j'allais bien. J'ai répondu par affirmative. J'ai quitté les lieux 10 minutes plus tard. Je me suis aperçue qu'il voulait m'avoir encore. Son entêtement renforçait ma méfiance : Enice, fais attention. Il joue bien son jeu.

De retour chez moi, je me sentais bien. J'étais soulagée d'un gros fardeau. Il a appelé pour savoir si je me portais bien. Oui, ai-je confirmé. Il voulait obtenir un autre rendez-vous, mais, je le lui ai refusé.

Entre-temps, j'ai continué à fonctionner normalement. J'ai relevé, aux enfants que j'avais rencontré Jacques. Lors sa réaction a été mesurée : Mammy, c'est toi qui sais ce que tu dois faire. Jacques s'est mis à m'appeler fréquemment. Parfois, je l'accompagnais au restaurant. Il chantait qu'il avait changé. Il essayait de me culpabiliser au sujet du mariage et de l'argent qu'il n'avait pas voulu me donner. Il se justifiait en prétendant qu'il s'était senti rejeté au moment où j'avais déserté inopinément l'appartement de Montréal-Nord en cachette. En outre, j'aurais menacé de rembourser ma sœur avec l'argent qu'il me remettrait. Comme il avait arrêté un plan d'action définitif, il avait préféré fuir Montréal pour aller en Haïti trouver la paix.

Je lui ai laissé parler, mais j'étais fortement sceptique. J'avais en fait ma petite idée derrière la tête. J'ai décidé de jouer le jeu, en me rappelant qu'on n'a rien pour rien. Natatsha m'a tout de même mise en garde : Mammy, tu connais mon père, il est malin, il faut faire attention, tu as déjà trop souffert. J'ai cherché encore cette fois à la rassurer et à calmer ses inquiétudes.

À mon anniversaire, le premier octobre 1998, geste qu'il n'avait jamais fait auparavant, il m'a remis un chèque cadeau de 100$. Je l'ai remercié, mais je me tenais encore sur une grande réserve envers lui.

De jour en jour, il se montrait plein de gentillesse avec moi.

Je n'avais pas encore touché un mot à ma sœur. J'attendais de voir la suite des choses. Je n'avais pas encore fait l'amour avec lui. Je continuais de l'observer, mais il s'est aperçu que j'étais retenue par la crainte. Il avait commencé à venir me voir à la maison. Mais un soir, alors que nous discutions de tout et de rien, il a fini par me séduire.

Immédiatement après, je ne m'en sentais pas heureuse, Nous en avons discuté, puis pleuré ensemble. Il me jurait qu'il m'aimait et qu'il ne pourrait pas vivre sans moi. Il affirmait que les enfants ne l'aimaient pas. Ce n'est pas qu'ils ne t'aiment pas, objectais-je. C'est qu'ils m'ont vue trop souffrir. Je suis leur mère, ça leur a fait du mal de constater que je suis toujours malheureuse à cause de toi.

Moment présent

Le vendredi 29 décembre 2006

Je sais que je dois continuer l'histoire de mes aventures, mais ces jours-ci, c'est assez difficile et pénible pour moi. Cette partie de ma vie que je vais vous raconter me fait déjà souffrir avant même que je me mette à l'écrire.

Je ne sais pas si je vais arriver à la terminer. C'est que, je me sens coupable et que j'ai honte de moi. Et j'ai peur surtout du jugement des autres.

En lisant ce que j'ai au paravent écrit dans mon journal, j'ai eu mal au cœur. Je ne comprends pas comment je me suis laissé prendre encore par lui et comment j'ai accepté de faire des choses qui ne me ressemblaient pas du tout. J'ai appelé ma fille pour lui expliquer tout cela. J'ai pleuré de toutes mes larmes, tellement j'avais honte de moi, j'avais mal. Elle m'a rassurée, en me conseillant de ne pas baisser les bras, de continuer mon récit, pour moi, pour elle, pour Max et mes petits-enfants.

Je poursuis mon le récit

Jacques insistait pour que j'arrête la procédure de divorce et que j'aille vivre en Haïti avec lui. Tout d'abord, j'ai fortement résisté. Je n'avais pas tout à fait confiance en lui. Je lui répliquais que je devais y réfléchir. Voici la décision que j'avais formulée dans mon journal le 5 octobre 1998.

5 octobre 1998

Ce matin, j'ai prié Dieu pour et lui demander de me guider dans mes démarches, dans tout ce que je vais faire pour la journée.

Surtout pour la décision au sujet du divorce et aussi de mon appartement. Je voulais savoir quoi dire à l'avocat et au propriétaire de l'appartement, si jamais je devais le laisser.

J'ai eu l'idée de contacter Revenue Québec. Un agent m'a expliqué comment m'y prendre pour arrêter la séparation. Comme j'avais téléphoné à mon avocat, il m'a rappelée. J'avais déjà la réponse, je savais quoi lui dire. Il m'a fait : Êtes-vous sûre de vouloir arrêter la procédure de séparation ? J'ai acquiescé. Tout allait bien depuis quelques temps et Jacques avait beaucoup changé. Avant de raccrocher, il a réitéré sa disponibilité : Madame Toussaint, si jamais vous avez besoin de moi, je serai à votre service, bonne chance. Alors, c'est fait, j'ai décidé de ne plus divorcer ni de séparer. Je reste avec Jacques pour le meilleur et pour le pire.

J'ai appelé la dame responsable de l'appartement ; elle a accepté de louer celui-ci à quelqu'un d'autre. Je me sentais soulagée. Désormais il me fallait envisager attentivement l'avenir. Et pour cela, engager une sérieuse discussion avec Jacques.

Troisième partie

Reprise de la vie de couple, octobre 1998

J'ai proposé à Jacques de venir me rencontrer pour que nous discussions de sujets très importants. Ma sœur et mes enfants n'avaient pas encore été mis au courant de mes projets. J'étais vraiment folle de prendre de telles décisions. Et de toute façon, je ne savais plus quoi penser.

Jacques est venu le soir même. Il désirait une réponse immédiate de ma part. J'ai aussitôt fait cette mise au point : Nous devons avoir une franche discussion. Il faut que tu me dises pourquoi tu veux que je reprenne la vie de couple avec toi. Et surtout pourquoi tu tiens à ce que je t'accompagne en Haïti. Je lui ai aussi demandé s'il fréquentait encore cette femme de Toronto. Il a répondu sans hésitation à toutes mes questions. Au sujet du divorce, il jurait qu'il m'aimait, qu'il ne pouvait pas vivre avec une autre femme que moi. En ce qui concernait Haïti, il possédait un petit commerce qu'il tenait à gérer avec moi, ce qui nous rendrait très heureux. Il avait loué aux Cayes une maison, dans laquelle il avait installé tous mes meubles. Quant à la femme à Toronto, il ne la voyait plus. C'était définitivement fini ! Il a enchaîné : Tu peux avoir confiance en moi, je suis sincère.

J'évitais de trop m'avancer : « pour Haïti, je suis en train de le réfléchir encore. Puis je lui annoncé que j'avais déjà arrêté le divorce. Il m'a remerciée. « Pourquoi me remercies-tu ? ai-je fait. Il a ignoré la question. J'ai abordé le sujet financier. « Ne t'en fais pas, a-t-il assuré, l'argent est là. Nous allons ensemble réaliser de bonnes affaires en Haïti, si tu acceptes d'y aller avec moi. Je lui ai révélé que j'avais personnellement établi depuis longtemps un plan d'affaires pour Haïti. C'est Natatsha qui en avait eu au préalable l'idée. Je lui ai alors décrit mon projet de commerce du café, en reconnaissant que pour le moment il me manquait quelques informations complémentaires et les fonds nécessaires, Il trouvait que l'idée était excellente. Au terme de la rencontre, il avait bon espoir que j'accepterais de l'accompagner en Haïti.

Des jours ont passé, Il m'a apporté des valises et des sacs de voyage, au cas où je serais enfin prête. Ses appels devenaient presque incessants, Je mon côté, je préparais secrètement un autre projet. Si jamais je vais là-bas, ce serait pour la rédaction du premier tome livre, et seulement pour ce motif.

J'ai invité Max et Natatsha au restaurant pour leur confier conjointement mes intentions. Leur réaction m'a paru très mesurés : Mammy, si tu sens que cela va être bien pour toi, fais-le mais, ne le fais pas pour lui, pense à toi. Natatsha a ajouté : « Actuellement, tu es très vulnérable. J'espère qu'il ne va pas en profiter pour tenter de te séduire. C'est cependant à toi de décider. je suis contre. C'est à toi d'y voir. Si tu constates que ça ne va pas là-bas, reviens dès que possible, nous serons là pour toi. Max a renchéri : je suis d'accord avec Natatsha, mais j'ai peur quand même pour toi, mammy, on t'aime beaucoup. Tout cela, avec une extrême douceur.

J'éprouvais de la peine, mais je ne sais trop pourquoi. J'étais encore mue par cette impulsion de fuite. C'était plus fort que moi.

En même temps, une voix intérieure m'ordonnait : N'y va pas, il y a du danger. Je sais maintenant que je refusais de l'écouter.

Peu de temps, Jacques est revenu me voir. Nous avons fait l'amour. Il voulait rester toute la nuit, j'ai refusé. Par la suite, J'ai réalisé que je n'étais pas près de lui pardonner. Il s'activait manifestement à me reconquérir. Au lieu d'en être fière, je ressentais de la tristesse et de l'angoisse. Je songeais à mes enfants, à mes petits-enfants, à ma sœur et mon frère. Mais, en même temps, je me rendais à l'évidence qu'ils étaient maintenant des Adultes convertis et que les petits étaient bien élevés par leurs parents. Ma sœur et mon frère, n'avaient pas du tout besoin de moi. Tout le monde était à ses affaires, et moi je me sentais toute seule. Il fallait que je pense d'abord à moi. Je m'appliquerais à tout tenter humainement pour vivre en paix avec Jacques, en tenant compte du fait que le temps passe tellement vite. Et surtout, je comptais vivre pour moi et me faire plaisir, et aussi. De plus je jugeais nécessaire' écrire mes mémoires, desquelles circonstances s'y prêteraient.

C'était-je ne saurais comment l'expliquer-la première fois que je réfléchissais aussi profondément et avec autant de sérieux avant de prendre une décision. Craignait par-dessus tout que je finisse par refuser, j'ai sollicité son aise pour poursuivre ma réflexion.

Un dimanche, il est venu me chercher pour m'amener au marché aux puces situé entre les rues Saint-Léonard et Crémazie.

M'ayant conduite dans la section des bijoux, de bijoux, il a acheté une alliance pour lui et une pour moi. Il m'a ensuit souffler : Voici ma preuve d'amour. Sur le coup, je ne l'ai pas pris aux sérieux. J'avais perdu de si précieuses possession que ce geste-là me laissait absolument indifférente. À ce sujet. Voici un passage de mon journal.

Journal intime

Le 15 octobre 1997

Aujourd'hui, je suis restée à la maison pour faire le point, À mon réveil, Je me sentais un peu perdue, c'était comme-si j'avais un trou de mémoire. J'ai commencé à reprendre mes sens vers 11 heures 30. Trop d'idées se bousculaient dans ma tête. Surtout en ce qui concernait le voyage en Haïti.

J'ai passé la journée à penser à mon projet. J'ai réfléchi aux bons et aux mauvais côtés de l'aventure. Tout bien pesé, ma décision est prise. Je vais en Haïti une autre fois. Je reviendrai après l'hiver. Je sais que Dieu va me guider, parce que je m'engagerai dans beaucoup de projets là-bas.

Il y a de cela deux semaines, je suis retournée chez le prêteur sur gages pour voir si mes bijoux y étaient encore. Ils les avaient tous vendus. De retour à la maison, j'ai pensé à la tristesse de la situation, puis j'ai décidé d'en effacer le souvenir. Et j'ai tourné la page.

Je ne comprends plus Jacques, il a dit des choses dont le sens m'échappe. Il me cache tout, je le sens. Il a peur de me raconter ses affaires. Alors je le laisse faire. Je n'y pense plus, c'est lui qui sait ce qu'il veut. De toute façon, j'ai déjà pris ma décision.

Je continue le récit

J'ai fait mon possible en vue de trouver un autre locataire pour mon appartement. J'ai déjà effectué un versement sur mon billet d'avion. Il était fixé le 2 décembre 1998. Jacques, partirais deux semaines avant moi. Pour être en mesure de dédouaner le conteneur qui serait déjà arrivé l'là-bas. Il viendrait me chercher à l'aéroport.

J'ai passé deux semaines à préparer mes effets personnels prévoyais expédier par conteneur. Même à ce point de mon projet, j'hésitais encore. Je n'étais pas certaine d'avoir pris la bonne décision. En fin de compte, j'ai payé au complet mon billet d'avion en concluant que j'effectuais ce geste pour le meilleur et pour le pire. Jacques, il est vrai, m'a aidée pour l'acquittement du billet. Sur ces entrefaites, j'écrivais à ma sœur et à mon frère une lettre dans laquelle je leur annonçais que je partais en Haïti dans le but d'y accompagner Jacques et surtout pour y écrire mon livre. Le matin du 2 octobre, je suis allée leur remettre personnellement la lettre et je leur ai expliqué de vive voix les motifs de mon voyage. Ma sœur a gardé le silence. Mon frère m'a souhaité bonne chance.

J'éprouvais une poignante peine, sachant combien mon geste les chagrinait. Je me sentais fortement coupable, mais l'urgence de la fuite devenait impérieuse. Je n'y pouvais plus rien.

En attendant mon départ fixé pour le 2 décembre, je demeurais chez ma fille Natatsha. Jacques, quant à lui, était déjà parti le 4 novembre. Durant le mois passé chez Natatsha, j'ai rendu visité plusieurs fois à ma sœur. L'atmosphère restait froide, mais je comprenais bien son attitude. Je n'ai toujours pas fait allusion au sujet de la discorde. D'un autre côté

J'ai pu profiter de l'affection de mes enfants et mes petits-enfants. Mais je ne me sentais pas encore très stable. Mon sentiment de désolation persistait. Mais je ne voulais pas que les enfants s'en aperçoivent. Finalement, le grand jour est arrivé. Je ne savais pas du tout ce qui m'attendait là-bas. De toute façon, je n'étais plus en mesure de reculer. Je devais rester positive et aspirer à ce que tout se passe bien. Le sentiment de confiance s'imposait.

Patrick m'a conduit à l'aéroport Mirabel. Après avoir passé la douane, J'ai pris un petit déjeuner. J'étais très pensive. Je m'inquiétais de ma perte d'énergie. J'ai pris l'avion en trouvant le dos à Montréal et à tous ceux que j'aimais encore pour une aventure dont j'ignorais totalement l'issue. Mais j'ai tout laissé entre les mains de Dieu. Voici ce que j'ai écrit à ce sujet dans mon journal.

2 décembre 1998

Je n'ai pas écrit depuis un bon moment. J'ai passé une grosse semaine. J'ai beaucoup travaillé pour préparer mes bagages. Je suis dans l'avion. Nous sommes partis à 9 heures 30 et il est maintenant 11 heures 55. Je n'ai pas eu le temps d'écrire avant, j'étais trop fatiguée, j'ai dormi un peu durant le voyage. On vient d'annoncer que nous arrivons à destination. Alors, je continuerai d'écrire en Haïti. Je laisse tout entre les mains de Jésus.

Chapitre 7

Troisième retour en Haïti

Première partie

Une arrivée désastreuse chez la sœur de Jacques

2 décembre 1998

À l'aéroport, c'est Jacques qui est venu me chercher, accompagné du garçon de cour de ma nièce Yolaine, celle-ci ne pouvant s'absenter de son travail. L'aéroport était bondé de monde. J'étais étourdie et fatigué, le voyage m'avait brisée. Il faisait extrêmement chaud. Jacques prétendait que le jeune garçon était son petit domestique. Je le trouvais froid et distant. Il ne parlait pas beaucoup. Je lui ai demandé s'il comptait me conduire chez ma nièce, à la pleine, comme d'habitude. « Non, a-t-il grommelé, je t'emmène chez ma sœur Raymonde, à Delmas. Ce N'était pas du tout notre plan, mais il ne voulait rien savoir, Il m'a de plus annoncé que le lendemain, il partait aux Cayes, mais que je n'irais pas avec lui. Il me déposerait avec mes affaires chez ma sœur à Miragoâne et il viendrait me chercher seulement quand il serait prêt, mais pas avant, car il avait des choses importants à régler, tout d'abord.

Sa sœur m'a bien accueillie, mais, moi, je ne me sentais pas du tout à l'aise. Je n'étais pas à ma place et je me sentais exténuée et presque anéantie. Elle m'a offert à boire, mais j'ai décliné l'invitation puisque j'avais apporté ma propre eau. Elle m'a invitée à manger. Je l'ai remerciée en prétendant que je n'avais pas faim. J'étais une étrangère parmi ces gens-là. Elle habitait l'étage inférieur d'une maison munie d'un espace de stationnement. Le logement comprenait des toilettes, un salon, une salle à manger, une cuisine et trois chambres. Le tout était propre et simple.

Jacques a remarqué mon désarroi : allons faire un tour, m'a-t-il proposé. Il m'a emmenée à un restaurant à la rue Delmas.

Il m'a avisée que je devais manger, sinon je serais malade et encore plus faible. Mais moi j'attendais toujours de bonnes explications qui ne venaient pas. Il m'incitait ne pas m'inquiéter et m'assurait qu'il reviendrait me chercher à Miragoâne, tout en précisant que mon séjour là-bas ne durerait que quelques jours. Mais chaque fois, la conversation dévirait vers une nouvelle version. Au comble de l'impatience, j'ai réclamé qu'il m'amène coucher immédiatement chez ma nièce. Et qu'il vienne me chercher le lendemain. Il a prétexté qu'il devait se rendre à cinq heures du matin à la douane pour des opérations de dédouanement.

De guerre lasse, j'ai accepté de retourner chez sa sœur, puisque je n'avais aucun autre choix. J'ai confié à celle-ci ainsi qu'à son mari l'ampleur de mon désarroi au sujet de l'épineuse question des Cayes. Ils ont paru fort étonnés. Je dois signaler que depuis mon arrivée en Haïti, Jacques n'était plus l'homme affectueux et prévenant que je souhaitais retrouver. C'était plutôt l'homme d'avant, le Jacques réel et même pire.

Tout en haussant la voix, il a aussi tranché le sujet : « Il y a une jeune fille qui habite avec moi. Sur le coup je suis restée sans voix. En quelques secondes, je me voyais à Montréal, couverte de honte devant mes enfants, ma sœur, mon frère, toute ma famille et ainsi que mes amis. Je suis sur-le-champ entrée dans la chambre que la sœur de Jacques venait de mettre à notre disposition. J'ai ouvert mon saque d'où j'ai sorti une boîte d'antidépresseurs. J'ai aussitôt avalé les 30 pilules qu'elle contenait. Jacques n'a pu que constater la scéen. Mais il a ensuite placé ses doigts dans ma bouche pour essayer d'enlever les comprimés Je l'ai mordu tout en lui criante de me ficher la paix.

Je me rappelle seulement que les trois me fixaient en m'appelant très, fort. Je leur ai demandé de me laisser me reposer.

J'étais encore tout habillée. Je ne sais pas qui a réussi à me déshabiller. Il parait que le lendemain matin, Jacques a tenté de me réveiller sans succès. Les trois auraient aussi cherché à me mettre debout, mais je retombais dans le lit. Jacques serait finalement parti en me confiant à nos hôtes, après avoir invoqué des démarches de dédouanement et un imminent voyage d'affaire aux Cayes. Je suis restée endormie toute la journée. Le couple n'a pas jugé bon de prévenir mes enfants à Montréal ni les membres de ma famille demeurant à Port-au-Prince. Je dois ici préciser que j'avais promis à mes enfants de leurs téléphoner le soir même ou le lendemain matin de mon arrivée en Haïti.

Natatsha, n'ayant pas eu de mes nouvelles, a appelé ma nièce Yolaine que de son côté ignorait ce qu'il était advenu de moi. La panique s'est emparée de la famille. Natatsha a téléphoné à la sœur de Jacques à Port-au-Prince pour vérifier si elle avait de mes nouvelles. Celle-ci l'a informée que j'étais chez elle et que je dormais. Elle a demandé de parler à son père. La dame lui a fait savoir qu'il était parti aux Cayes. Elle en était très fâchée : comment ça, que mère est chez vous ? D'où l'échange qui a suivi : « Ta mère ne va pas bien, -Comment cela ? Je veux lui parler : La sœur de Jacques, elle s'appelait Raymonde m'a alors réveillée. Par la suite, ma fille m'a révélé qu'à ce moment-là, je pouvais à peine parler ; je murmurais des mots qu'elle ne comprenait pas.

Raymonde avait alors repris le téléphone et Natatsha lui a recommandé de m'emmener à l'hôpital le plus vite possible. Je n'ai appris tous ces faits que le lendemain. Il était très tard quand nous sommes revenus de l'hôpital.

La sœur de Jacques m'a raconté que j'avais pris une boîte de pilules. Je suis allée vérifier le contenu de la boîte : elle était vide.

Elle m'a fortement conseillé de résister au sommeil, même si j'avais une pressante envie de dormir. Elle est venue se coucher à côté de moi pour me tenir éveillée. Elle parlait beaucoup, alors que mon esprit restait confus. Elle m'appelait par mon nom, de temps à autre. Son mari a essayé de joindre Jacques, mais en vain. Le lendemain, mon frère est venu me chercher, à la demande de ma sœur Irène et de ma fille. Aussitôt arrivée chez lui, j'ai appelé Natatsha. Je lui ai fait croire que j'avais eu une baisse de pression et que j'allais mieux.

Je n'avais jamais avoué à personne que j'avais essayé de me suicider. J'avais trop honte. Raymond et son mari avaient trop peur d'en parler, ainsi que Jacques. Je ne l'ai confessé à ma fille qu'un an plus tard. Elle est restée bouche bée. Elle m'a crié : Tu étais arrivée à faire cela, oh ! Mammy, tu as vraiment souffert. À quoi j'ai répliqué : « Je ne veux plus en parler, on devrait oublier cette histoire.

J'ai passé deux jours chez mon frère à Delmas 31. J'ai pu récupérer un peu. Jacques avait appelé sa sœur Raymonde pour l'informer qu'il viendrait me chercher. La veille de son retour, mon frère Alain m'a ramenée chez Raymond. Le lendemain matin, Jacques m'a emmené chez ma sœur à Miragoane.

Si j'ai tenté de me suicider (c'est un gros mot), ce n'était pas à vrai dire pour Jacques, loin de là. C'est parce que j'avais abandonné tous ceux que j'aime pour le suivre. J'avais tellement honte de moi. Il ne me restait plus rien. J'étais rendue au point le plus bas. Je refusais de rebrousser chemin même si les enfants m'exhortaient à revenir au Canada. Je leur prétendais que, puisque mon billet d'avion était valise pour deux mois, j'en profiterais pour aller me reposer chez ma sœur à Miragoâne. Ma date de retour en réalité incertaine. Pour tout admettre, J'étais en plein désarroi. Je n'avais personne à qui me confier. Et je n'arrivais même plus à pleurer. Ma situation était déchirante.

C'est Jacques qui m'a conduite à Miragoâne. Durant le trajet de deux heures (et) trente minutes, nous avons très peu conversé.

D'ailleurs, qu'avions-nous à nous dire ? Quand nous sommes parvenus à destinations, il m'a donné un certain montant pour mes frais de séjour. Puis, il a repris presque aussitôt la route en direction des Cayes, après m'avoir vaguement promis qu'il reviendrait sous peu m'apporter des provisions alimentaires. Je me retrouvais, seule, dans une ville que je ne reconnais plus, tellement changée. Mais je calculais que je n'avais d'autre choix que de m'adapter à cet environnement.

Deuxième partie
La vie à Miragoâne
Décembre 1998

Je suis donc arrivé à Miragoâne le 10 octobre. Je séjournais chez ma sœur Claire et son mari Goslin qui avait deux jeunes domestiques à leur service. La maison comptait deux étages. À l'avant du premier, il y avait une petite boutique. Une deuxième pièce servait d'entrepôt de marchandises et donnait sur un escalier par lequel on montait au deuxième étage. Dans cette même pièce, chaque mercredi, Claire organisait une réunion de prière avec ses sœurs protestantes. J'y ai moi-même participé à plusieurs reprises.

Une autre pièce tenait lieu de petite cuisine d'intérieur, Alors qu'à l'extérieur se trouvait la cuisine de forme traditionnelle, un espace pour le lavage et des latrines.

Au deuxième étage, on accédait à un salon avec un balcon en avant, lequel donnait sur la rue. C'est de ce balcon qu'on pouvait regarder les passants, les marchands petits qui se chamaillaient entre eux pour des riens. Cette rue était grouillante d'activités et dans le cœur de la ville les commerces étaient très prospères. Ce deuxième étage comptait également deux chambres, une salle à manger et des toilettes. Ma sœur avait aménagé un jardin sur le toit de la cuisine extérieure. Elle avait aussi fait installer une citerne sur le toit de la maison.

La maison était située à la rue Bord-de-Mer. Ma cousine Fabienne, la sœur de Vivianne, avait habitait juste en face, un an auparavant. J'allais souvent lui parler pour passer le temps. Maintenant qu'elle était morte, je n'avais personne Avec qui communiquer. Il me restait il est vrai mon amie Nélia qui habitait à la rue Bel-Air, au haut de la ville, à peu près à 20 minutes de marche de chez Claire. Elle était une amie de longue date. Elle vivait dans une grande maison avec son mari Stone. Il faisait bon chez eux, leur maison était juchée sur la colline. Je causais aussi assez souvent avec mon beau-frère Goslin et ma sœur Claire.

Ma sœur et son mari m'avaient très bien accueillie chez eux. Je me sentais à l'aise et ils faisaient tous leurs efforts pour faciliter mon séjour. Voici un extrait de mon journal à ce sujet.

Le samedi 12 décembre 1998

Le jour de mon arrivée le 10 décembre à 15 heures, je suis allée faire une visite à ma bonne amie Nelia, le soir même à la rue Bel-Air. Puis, je suis revenue chez Claire. Depuis jeudi soir, il n'y a pas d'électricité à Miragoâne. Il fait noir, et il y a beaucoup de moustiques. Heureusement, Mirtha, la fille de Claire, m'avait apportée une moustiquaire, au moins, ces bestioles me laissent en paix.

Le lendemain soir, il y a eu l'électricité, mais pas de ventilateur et pas de télévision. Je vivais dans le temps primitif. On était exposé à une forte pullulation et à des odeurs nauséabondes à Miragoâne. Les égouts empestaient l'air. Je craignais d'attraper une maladie. Je n'ai presque pas dormi cette nuit ; je pensais à ma vie à la façon dont Jacques me traitait. Je N'y comprenais plus rien ; je pressentais confusément que j'étais prise encore une fois dans l'un de ses pièges. Je demandais à Jésus pourquoi, puisque j'étais une femme tout à fait innocente.

Il m'a fait laisser le Canada pour l'accompagner venir en Haïti, me montrer son amour et maintenant, il est indifférent et méprisant envers moi. Je ne vais pas me laisser abattre. Il faut que je fasse ce que je suis venue faire ici, et après on verra.

Ce soir, je vais chez mon amie, car Nelia pour lui raconter un peu mes problèmes, sinon je vais m'étouffer, car j'ai trop de choses dans ma tête. Elle m'aidera à trouver une solution. Je ne pense pas que je pourrai rester à Miragoâne très longtemps ; de toute façon, l'avenir dira le reste.

Je continue mon récit

Depuis que je suis à Miragoâne, je n'ai pas eu de nouvelles de Jacques. Il sait pourtant que ma situation est difficile : pas de lumière, pas d'eau, et il ne me restait presque plus d'argent. Je fais cependant mon possible pour combler mes journées. Mon passe-temps est l'écriture ; je décris ce que j'observe autour de moi et mon environnement. À Montréal, j'avais acheté des cahiers et des stylos à plume pour l'écriture et pour la lecture, un ouvrage qui explique comment rédiger ses mémoires. C'est passionnant. Je mets des heures à prendre note et à faire un plan pour l'exécution de mon projet d'écriture. Pour me distraire, je bavarde avec mon beau-frère où je regarde les passants. Parfois, durant les après-midis, je vais visiter mon amie Nelia.

Dix jours se sont écoulés et toujours pas de nouvelle de Jacques. Je fais alors part à mon beau-frère de mon intention de me rendre aux Cayes pour voir ce qui se passe là-bas. Il me conseille de ne pas le faire, mais de téléphoner à Jacques pour connaître la raison de son silence.

Le lendemain, soit le 19 décembre, je pars l'appeler très tôt à la Téléco. Après beaucoup de difficultés, j'ai fini par le rejoindre, La communication, très mauvaise, est brève. Il me promet de venir me voir le dimanche suivant.

De retour de la Téléco, pour me changer les idées, je vais m'asseoir sur le balcon situé à l'arrière de la maison et faisant face au haut de la ville. De là, je peux voir tout ce qui se passe sur la rue Bel-Air ; je peux aussi, profiter d'une brise fraîche, c'est un lieu plus sain et plus calme. Là, je n'entends plus les marchandes s'insulter. Là, je peux écrire et lire et faire mes prières.

Ce jour-là, voici ce que j'ai consigné dans mon journal.

19 décembre 1998 - journal

Je suis assisse sur le balcon arrière de la maison de ma sœur Claire. Il est 10 heures 45. Le ciel est bleu avec quelques nuages.

Il fait beau, j'aperçois la rue Bel-Air. Je regarde les maisons qui sont construites l'une par-dessus l'autre dans la colline. J'ai l'impression que toutes ces maisons vont débouler vers le bas de la ville. Ce qui attire le plus mon regard, c'est la maison des religieuses qui se trouve de l'autre côté de la rue Bel-Air, où j'allais à l'école et étais pensionnaire. Elle a l'air d'une maison abandonnée. Pourtant, elle fonctionne encore. Mais ce n'est plus l'école Notre-Dame-de-Lourdes. Les religieuses n'y sont plus, on l'a transformée en une école secondaire pour jeunes filles dirigée par des laïcs.

Du balcon, je pouvais distinguer les fenêtres des chambres. Par exemple, la chambre de sœur Berthe, où j'allais très souvent.

Du balcon de cette chambre, je pouvais dominer le côté nord de la ville (le bas fort), soit l'endroit où se trouvait autrefois le terrain de foot-bol. J'apercevais la chambre où je dormais avec deux autres filles. Nous étions trois par chambre, je pouvais distinguer également le dortoir du fond où on se réunissait après que sœur Jean éteigne la lumière. Nous nous y rencontrions pour parler, manger et observer par la fenêtre arrière les garçons qui venaient chanter pour nous sur le calvaire (côté où est juchée une croix) situé non loin de l'école.

C'est une partie de ma vie que je n'oublierai jamais. Il y avait toute une équipe parmi mes condisciples. En particulier Josie, qui était ma meilleure amie. Elle est décédée en 1995. Depuis ce jour, ma vie a changé. J'expliquerais cette partie de ma vie à une autre occasion. Actuellement le moment, je ne suis pas prête.

Si j'ai intégré ces moments dans mon livre, c'est afin de montrer que malgré mes problèmes, je prenais le temps de me créer des petits moments de bonheur pour pouvoir continuer à vivre.

Reprenons mon histoire.

Jacque était censé de venir me voir le dimanche 20 décembre. Ce jour-là, je l'ai attendu en vain. J'ai tout tenté pour ne pas paraître en colère. Je ne tenais pas que mon entourage constate mon désarroi, mais, je ne voulais pas continuer à souffrir plus. Je me suis évertuée à me concentrer sur autre chose. Cette nuit-là, j'ai fait des cauchemars épouvantables. Je m'efforçais de les repousser, pour éviter d'avoir trop mal.

Le lendemain matin, je me suis rendue chez ma bonne amie Nelia. J'ai passé la journée puis la nuit chez elle. Mais avant d'aller me coucher, j'ai pris une bonne douche parce que, chez elle, il y avait de la lumière et de l'eau. Elle disposait d'une génératrice. L'action d'un ventilateur m'a aidée à bien dormir et le lendemain, je suis retournée chez ma sœur.

Troisième partie

Mon Noël joyeux à la campagne

Jacques est arrivé le matin du 23 décembre 1998. Il s'est excusé de n'être pas venu le dimanche et de n'avoir pas pu répondre au téléphone pour m'en prévenir. Il m'a offert de l'accompagner à Port-au-Prince où nous passerions la nuit pour revenir à Miragoâne la veille du 24 décembre.

Après un moment de réflexion, j'ai accepté sa proposition. A Port-au-Prince, j'ai couché chez sa sœur. Et nous avons eu juste le temps de déjeuner dans un restaurant, car il était pressé d'aller acheter des pièces pour sa camionnette. Nous circulions dans ma voiture qu'il venait de dédouanée, sa camionnette ayant des problèmes mécaniques. Le 24 décembre, vers midi, nous avons quitté Port-au-Prince pour retourner à Miragoâne.

Je lui avais signalé entre-temps que je m'ennuierais à Miragoâne à Noël, vu il n'y avait pas d'électricité. Je comptais me rendre chez mon amie Nelia. Il trouvait que c'était une bonne idée. En fin de compte, en arrivant au carrefour des ruisseaux, comme il se faisait tard, Jacques m'a indiqué qu'il m'amènerait aux Cayes avec lui, au lieu de me déposer chez Nélia. Il déposerait chez sa sœur Renate qui arrivait de Philadelphie pour passer les fêtes avec sa mère en Haïti. Dès notre arrivée aux Cayes, il communiquerait sans faute avec ma sœur Claire pour dissiper ses inquiétudes.

Le voyage ne s'est pas déroulé comme prévu. Il y eut crevaisons de pneus. Pour nous rendre chez la mère de Renate, il fallait emprunter une route cahoteuse et boueuse. La voiture s'est embourbée. C'était l'enfer, il faisait un noir total. Aucune maison dans les parages. J'appréhendais l'irruption des voleurs ou d'inconnus mal vaillants. Fort heureusement, deux hommes qui passaient, sont venus prêter main-forte à Jacques. Dans les circonstances, je ne pouvais rien faire d'autre qu'attendre. Nous devions en outre traverser une rivière à pied et marcher pendant 20 minutes dans l'obscurité. Mon Dieu, que c'était pénible ! en fin de compte, c'est à grand-peine que nous sommes arrivés fatigués et sales à destination.

Rendus chez Renate, nous avons appris qu'elle était absente.

Elle était allée coucher en ville en vue assister à la messe. Elle était censée revenir le lendemain. C'est sa mère qui nous a accueillis. Elle connaissait Jacques évidement. Elle ne me reconnaissait pas, car je l'avais rencontrée juste une fois.

Elle se déplaçait en chaise roulante. Elle hébergeait une jeune femme avec son enfant de 7 ans. Elle s'est montrée très accueillante. Pour elles, nous étions la grande visite. Il était 22 heures 30, donc très tard pour les gens de la campagne. La dame s'appelait Louise. Elle a demandé à Jacques s'il resterait à coucher. « Non, pas moi, a-t-il répondu, mais ma femme reste pour rencontrer Renate le lendemain. Elle lui a immédiatement conseillé de partir sans tarder, étant donné que la route n'était pas du tout sécuritaire la nuit. S'adressant ensuite directement à moi, elle a affirmé que chez elle j'étais dans de bonnes mains. Elle a jouté : Tu es chez toi, ici ; les amis de ma fille, ce sont mes enfants aussi. Ses propos m'ont rassurée, je me sentais en paix. J'ai donc confirmé à Jacques qu'il ferait bien de reprendre sur-le-champ la route. Il m'a embrassée sur le front et il est parti.

Après son départ, j'ai réalisé que je me trouvais en ban lieue des Cayes, au milieu de gens que je ne connaissais pas, la veille de Noël, loin de mes enfants et de ma famille. C'est alors que je me suis mise à pleurer. Mes hôtes ne comprenaient pas pourquoi je sanglotais tant. Elles-mêmes ont pensé qu'elles en étayent la cause. Je leur ai informé qu'elles n'y étaient pour rien, mais sans m'expliquer davantage. La dame m'a à ce moment-là déclaré: Quand une grande personne pleure, c'est parce qu'elle a quelque chose de triste en elle et dans son cœur. Sa remarque m'a fait du bien et j'ai timidement souri.

J'observais discrètement leurs visages, des visages de gens simples qui habitaient à la campagne. Il y avait de la joie dans leurs yeux. Même si elles manquaient d'électricité et de conforts. Elles étaient heureuses. Cela m'a fait réfléchir.

J'ai jugé, si j'avais abouti à la campagne, dans ce lieu paisible pour passer Noël, il y avait certainement une raison, le bon Dieu mesurant toujours ses décisions. Je me sentais dès lors mieux et je n'avais plus de peine. La maîtresse de maison (tous obéissaient ses ordres) a fait chercher les occupants du logis attenant au sien. Elle leur a annoncé qu'elle avait de la belle visite, qu'il fallait venir fêter cela. Ils sont venus. Ils étaient pleins d'entrain. Nous avons bu du cola haïtien et des biscuits. C'était la pleine lune, la nuit était belle. Je regardais les étoiles. J'ai parlé de mes enfants et mes petits-enfants à mes nouveaux amis. Je leur ai montré une photo de ma petite famille. Ils étaient heureux et moi aussi, je l'étais.

À minuit, je suis sortie pour observer à nouveau le ciel. J'ai prié, j'ai souhaité joyeux Noël à mes enfants, à ma sœur et à mon frère. J'ai dit merci à Dieu. Je n'étais pas triste. Quand je suis rentrée, la maîtresse de maison m'a indiqué que je j'allais coucher dans la chambre de sa fille et m'invitait à me comporter comme chez moi. Elle m'a avisée savoir qu'elle avait mis de l'eau dans la chambre pour que je puisse me laver. Je l'ai remerciée, et me suis retirée en disant bonne nuit à tout le monde. Un fait m'avait frappée au moment de mon arrivée sur les lieux : l'absence de de moustiques. J'ai dans la circonstance bien dormi, n'ayant eu à subir aucune piqûre de ces petits moustiques pour me bêtes ni leur irritante musique dans mes oreilles. De plus, il ne faisait pas chaud. Bref, une situation très confortable. J'avais hâte au lendemain pour admirer le milieu l'extérieur, la nature, etc.

Le lendemain, à mon réveil, je me suis donc empressé de sortir. Je regardais cette plaine recouverte de gazon vert, d'arbres et de plants de riz et bananes. C'était de toute beauté. La maison était entourée de jardins et de végétaux de toutes sortes. Il y avait d'autres maisons dans cette grande cour. La nature était fraîche et belle. Aucun danger de pollution. Plus loin, c'était la grande rivière et un clair ruisseau où les gens venait puiser leur eau.

La maison quant à elle impressionnent de propreté, comptait deux chambres à coucher, un salon, servant en même temps de salle à manger. Une pièce tenait lieu de dépôt et une autre de chambre pour la gouvernante. La cuisine se trouvait à l'arrière de la maison ainsi que les latrines. À l'avant de la maison s'étendait une grande terrasse et, à côté, un grand bassin très profond abritant des arbres géants. Tout cela dégageait une vision teintée de mysticisme. Toujours dans la cour, on apercevait une petite maison contenant de petits chaudrons, de petites cruches, des bougies, etc. Il paraît que c'était l'Habitation mystique d'un ancien président d'Haïti (Antoine Simon).

Un si attrayant site devrait être un lieu touristique, mais il est assez éloigné de la ville. Pour y accéder, il faut quitter son véhicule et poursuivre le reste du trajet à pied, durant près de 20 minutes. Les occupants de la maison m'ont servi du café et du pain. Pour ma part, je leur ai remis de l'argent pour l'achat de produits alimentaires, en vue de la préparation d'un chaud et appétissant repas pour tous. Quelques instants plus tard, d'autres chaleureux voisins sont venus, me souhaiter le bonjour. J'étais partagée entre la joie et la tristesse. J'ai noté des gestes que je n'avais jamais relevés ailleurs. Et j'ai éprouvé du plaisir à observer les va-et-vient et les comportements de toutes ces personnes, Je m'amusais à suivre du regard des chiens qui couraient dans la cour, des chevaux, des bourricots qui broutaient, etc. C'est merveilleux. Je respirais le bon air.

Il était midi et Jacques n'était pas encore revenu.

Intérieurement, j'étais fâchée de son retard. Mais, en même temps j'étais contente de me trouver loin de la pollution de la ville. Et j'étais en compagnie de gens sincères.

Renate est arrivée avant Jacques. Apprenant celui-ci m'avait laissé avec ses gens que je ne connaissais pas, elle s'en était inquiétée. Et à son arrivé, elle a paru étonnée de constater ma bonne humeur au milieu de tout ce monde. « Tu ne prend donc pour qui ? a crié sa mère. Je sais comment recevoir les étrangers, moi ! Je suis une grande dame. Elle ajouté : « Cette femme est une bonne personne, elle ne traite pas les gens de haut. Je l'aime bien. Sa fille a éclaté de rire et tout le monde l'a imité. Jacques s'est finalement amené vers 2 heures de l'après-midi. Ses deux neveux que je rencontrais pour la première fois l'avaient précédé.

Ils m'ont raconté plein d'anecdotes à son sujet. J'ai de cette façon tout su ce que je désirais savoir sur lui.

J'ai donc passé la veille de Noël et ma journée du 25 décembre au milieu d'étrangers, Nous avons longuement conversé. Je pensais en même temps beaucoup à mes enfants. Cela me chagrinait de ne pas pouvoir leur parler. Oui, je me sentais bien avec ces gens pour l'occasion. Mais, Ils ne faisaient pas partie de ma famille. Dès son arrivée, J'ai demandé à Jacques de me conduire à Téléco afin que j'appelle mes enfants et ma sœur. Je désirais, de plus, rentrer à Miragoâne le lendemain 26 décembre, sans tarder. Il a aussitôt acquiescé. La vue de tous ces gens semblait le gêner. Sa sœur l'a réprimandé de m'avoir emmené ici, loin de tout. Il n'a pas réagi.

Il m'a amenée au Téléco, mais je n'ai pu communiquer avec personne, le système téléphonique était défectueux. Pour compenser, nous sommes allés au restaurant, après quoi il m'a ramenée dans la maison campagnarde de sa sœur.

Nous avons âprement discuté de sa façon d'agir avec moi. Il me répétait qu'il m'aimait et me priait d'attendre qu'il réussisse à se défaire de cette fille qu'il fréquentait, Je devais comprendre qu'en Haïti, les choses ne marchent pas comme à Montréal. Les gens tentent souvent de se venger en recourant à la magie noire. Il m'a raconté que, lorsqu'il s'est installé dans le quartier, la jeune fille, qui étudiait au secondaire, demeurait avec sa mère et deux autres enfants dans un logis ne comptait qu'une seule pièce. La famille, extrêmement pauvre, vivait sans électricité.

Mon conjoint possédait une génératrice qui lui fournissait du courant jour et nuit, Sa galerie était éclairée par une assez puissante ampoule électrique. L'écolière et ses condisciples venaient étudier le soir sur la galerie, à la lumière de cette ampoule. Il s'agit d'une pratique courante en Haïti : les jeunes dont les parents n'ont pas accès à l'électricité vont étudier dans les parcs ou sur les galeries de voisins équipés du précieux coutant. Cette adolescente, qui était plus jeune que notre fille Natatsha, avait vite appris que Jacques arrivait du Canada, qu'il était une diaspora. Elle s'était empressée de se lier d'amitié avec les neveux de mon mari. Elle se lamentait qu'il n'y avait rien à manger chez elle et suppliait d'intercéder en sa faveur auprès de Jacques. Celui-ci avait accepté de la nourrir quotidiennement, pour ainsi dire. Puis, ce fut de même pour toute la famille. Elle venait de temps en temps écouter la télévision. Graduellement, à l'instigation de Jacques, elle a abandonné l'école et s'est installé chez lui. Il lui avait promis qu'il allait lui enseigner abondamment autres choses. La mère avait assez vite approuvé au nouvel arrangement.

Tous ces détails, et bien d'autres, M'ont été fournis par la propre sœur de la fille. En Haïti, le misère et l'indigence acculent bien des à toutes sortes de compromissions, Jacques de son côté ne donne jamais rien gratuitement. Il a profité de la vulnérabilité de la jeune fille pour la transformer en esclave sexuelle. Il avait transporté tous mes meubles en Haïti. L'adolescente métamorphosée en femme adulte les utilisait comme s'ils lui appartenaient, d'autant que son amant lui avait juré qu'il était divorcé et qu'il avait lui-même acheté la majorité de ces meubles.

Ces mises au point, revenons maintenant à la soirée du 25 décembre. Renate et moi avons passé la nuit dans sa chambre. Nous avons bavardé très longuement. Elle m'a raconté tout ce que mon mari m'avait déjà relaté, et plus encore. Le lendemain, celui-ci est venu me chercher pour m'amener à la station d'autocar. Il a payé un extra pour que je puisse m'asseoir sur le siège avant, à côté du chauffeur et deux autres passagers.

En partant des Cayes, j'avais indiqué à Jacques que je me rendrais à Port-au-Prince vers la fin du mois de décembre pour confirmer mon billet de retour pour Montréal, à défaut de quoi je le perdrais. Ou bien, je téléphonerais pour la confirmation à Montréal en janvier. « Si jamais tu ne peux pas communiquer avec eux par téléphone appelle-moi ; je te conduirai à Port-au-Prince , avait été sa réplique.

J'ai quitté les Cayes avec un peu de regret, surtout celui de laisser madame Louise et sa petite famille. Je leur avais donné de l'argent en cadeau ainsi qu'aux neveux de Jacques. Je me sentais bien avec eux, j'aimais cet endroit. L'air était frais et pur. Je dormais de paisibles sommeils. À mon départ, j'avais l'impression qu'un jour je retournerais là-bas. C'était simplement une impression, rien de plus.

Je me permets la modeste réflexion qui suit

J'ai eu le sentiment que j'étais allée là-bas pour une mission.

Pour moi et pour eux. Des gens tranquilles m'ont accueillie chez eux pour un Noël triste, sans cadeaux, sans argent, avec juste un peu de nourriture à partager. Il n'y avait pas d'espoir pour grand-chose. Et moi, j'arrivais démunie avec un cœur triste prêt à fléchir, sans mes enfants à mes côtés, suivant les pas d'un homme qui me faisait souffrir.

Je pleurais. Ils m'ont conseillée avec leur douceur et la joie dans leurs yeux ; leur dévouement a remis du bonheur dans mon cœur. Et j'ai pu partager ce bonheur avec eux en leur transmettant l'attention et l'amour dus à mes enfants et à mes petits-enfants. Je leur ai donné de l'argent en cadeau pour pouvoir se nourrir et fêter Noël. J'étais ravie de les voir heureux. J'étais heureuse moi aussi. À minuit, quand je suis sortie à extérieur pour prier, en observant les étoiles, je ressentais la présence de ma petite famille. J'avais dit merci à Jésus. Ces gens avaient eu besoin de moi et moi, d'eux. Merci Jésus.

Quatrième partie
Mon retour à Miragoâne après un Noël Joyeux

À mon arrivée à Miragoâne, ma sœur et son mari m'attendaient. Je leur ai racontait mon aventure, ils sont restés bouche bée en m'écoutant parler. Comme c'était la période des fêtes, j'ai donné un coup de main à ma sœur dans son commerce. Je m'activais surtout à l'étage de bas du magasin avec elle. Les gens venaient acheter, je les plaçais en file d'attente. Car tout le monde voulait acheter et payer en même temps. Même le mari et un domestique sont venus nous aider. Avant le 31 décembre 1998, elle avait vendu beaucoup. Elle m'a affirmé que c'était moi qui lui avais apporté cette chance. J'en étais enchantée pour elle. J'ai tenté de téléphoner à Port-au-Prince pour la confirmation mon billet d'avion, mais a communication pour Port-au-Prince, de même que pour Montréal ne fonctionnait pas. J'étais stressée et triste. Stressée pour le billet et triste pour ma famille qui n'avait pas eu de mes nouvelles de moi depuis plusieurs jours. J'ai pu rejoindre Jacques aux Cayes, Il m'a promis qu'il viendra me chercher pour me conduire le 28 décembre au matin à Port-au-Prince. Compte de compte, il n'est pas venu. La date limite étant le 29 décembre, j'avais d'évidence perdu mon billet de retour. J'en étais très fâchée. Je me suis résignée à rester à Miragoâne pour un temps. Je ne savais pas encore ce que j'allais faire ensuite.

Les enfants de mon amie Nelia étaient venus de Montréal pour passer les fêtes avec elle. Elle en était très heureuse, sa fille et son mari sont venus me voir chez ma sœur. Ils trouvaient que la ville était sale et répugnante. Cette soirée-là, l'odeur des égouts était terriblement forte. Ils m'ont demandé pourquoi j'acceptais de demeurer dans un lieu si malsain. Si je ne partais pas, prévoyaient-ils, j'attraperais certainement une maladie. Je leur ai répondu que j'avais un plan. Au mois de janvier, je comptais le mettre en exécution. Ils ne sont pas restés longtemps. En partant, ils m'ont conseillé de bien prendre soin de moi. Leur date de retour à Montréal était le 4 janvier. Je suis allée les voir. Je leur ai remis des lettres à l'intention de mes enfants et de ma sœur.

En fin de compte, Jacques s'est pointé le premier janvier. Il a prétendu que sa voiture avait connu des problèmes que le système téléphonique était défectueux, il n'avait pas pu m'appeler. Sachant bien qu'il invoquait de beaux prétextes, je n'ai exprimé aucune réaction. Il comptait repartir dès le lendemain après-midi. Je lui ai signalé qu'à cause de lui, j'avais probablement perdu mon billet. Je lui ai aussi posé cette question : j'aimerais savoir ce que tu veux de moi, pourquoi tous ces mystères.

Sa réponse a été immédiate : « Tu dis que tu veux être autonome, tu veux voler de tes propres ailes, alors pour quoi tu ne demandes pas ta part d'héritage à ta sœur claire, celle ton père a laissé à sa mort. Je lui ai aussitôt répliqué : Mais non, je ne peux pas faire une telle chose ! Cet héritage ne m'intéresse pas. D'ailleurs, il y a deux ans de cela je ne savais même pas qu'il existait !

Il a rétorqué : Eh bien, tu as une fortune et tu préfères vivre dans la misère par simple respect des gens. Je ne le comprends pas. Il a poursuivi : Tu ne vas pas voler, ta part te revient, tu as juste à faire le partage des terrains et à donner leurs parts à tes frères et sœurs. Il a repris : Il y a juste une seule personne qui en profite. Pourtant, il y a la maison de ta mère sur la grand-rue et la maison de ton père à Nouvelle Citée. Je lui ai demandé comment m'y prendre pour le partage. Il m'a répondu : Si tu veux, je vais te prêter de l'argent pour engager un notaire et un arpenteur. Ils vont tout faire pour toi. Il m'a encore répété : N'oublie pas, tu es dans ton droit.

Je vais y voir ai-je lancé. Je vais réfléchir sur le sujet, puis j'en parlerai à mon beau-frère, ensuite à ma sœur pour lui demander les papiers des terrains et des maisons. Le lendemain, avant son départ, il m'a laissé de l'argent au cas où je déciderais de consulter un notaire et un arpenteur. Et de me procurer des documents légaux. Il m'a répété que le téléphone aux Cayes ne fonctionnait pas depuis avant Noël. Il devrait se rendre à Port-au-Prince. Il passerait me chercher. Puis il est parti. Nous étions rendus au 2 janvier 1999.

Lui aussitôt parti, je suis allée retrouver la famille pour le repas du 2 janvier. Les enfants de Claire sont venus avec leurs enfants, leurs conjoints pour passer le jour de l'an et le 2 janvier avec leurs parents. L'ambiance était à la fête. Nous nous sommes amusés. J'ai passé un bon moment. Le lendemain, ils sont repartis à Port-au-Prince. Et tout était devenu comme avant. Au jour de l'an, la ville avait été nettoyé ; elle est restée calme durant les deux jours. Mais, dès le 3 janvier, tout a recommencé comme précédemment avant.

Mon journal

Le 4 janvier 1999

Il est 3 heures du matin, je n'arrive pas à dormir. J'ai décidé de traverser salon pour écrire afin de ne pas déranger mes proches.

J'ai pris une chandelle pour m'éclairer. Je suis seule, je ne fais pas de bruit. Je n'entends que le tic-tac de l'horloge.

Je suis ici depuis un mois en attendre Jacques. Je ne sais pas pour combien de temps, et pour moi, ça presse, parce que j'ai des choses à régler ici. Après avoir révisé mes affaires, je pense qu'il va y avoir beaucoup de changements et ici comme au Canada. J'ai l'impression que Jacques aimerait que je reste seule sans famille autour de moi. Avant, c'était ma sœur Irène, qui était la bête noire. Maintenant, c'est ma fille Natatsha qui l'est. Pourtant, ces deux-là ne nous embêtaient pas. Elles voulaient mon bien, c'est tout.

Une chose que je sais, c'est que je regrette d'être venue en Haïti en pensant que Jacques était sincère. Je me suis trompée une autre fois. Si j'avais su qu'il cohabitait avec une jeune fille, je ne serais pas venue en Haïti. Maintenant, j'y suis, je reste pour régler mes affaires et je dois écrire mon livre à tout prix.

Cinquième partie

Mes démarches pour le partage des terrains ou des biens

Le matin du 5 janvier 1999, je suis allée chez mon amie Nelia pour saluer ses enfants avant leur départ pour le Canada. Puis je suis passé rendre visite à deux anciennes institutrices, Mariette et Daniella. J'ai partagé un bon moment avec eux. Ensuite, j'ai teint les cheveux de ma sœur Claire. J'en ai profité pour lui parler du partage des terrains et des papiers. Elle était sur la défensive. Elle était d'avis qu'il fallait faire une réunion de famille. Elle croyait que si j'agissais ainsi, c'est certainement à l'instigation de quelqu'un. Elle m'a conseillé d'être prudente. Elle a martelé qu'il fallait attendre la réponse de tous les autres héritiers.

Je l'ai informée que ma décision qui était prise : tous les héritiers seront mis au courant ; je leur écrirais une lettre à chacun. Elle m'a lancé : Tu t'es bien informée ! J'ai reconnu que j'en avais déjà parlé avec un notaire. Elle en a discuté avec son mari. Deux jours plus tard, elle m'a remis tous les papiers.

Le 6 janvier 1999, Jacques est venu me chercher pour m'amener à Port-au-Prince. Cette fois-ci, je l'ai averti que je n'irais pas chez sa sœur. Nous sommes allés dormir chez ma nièce Yolaine. Nous avons passé deux jours chez elle. Je me sentais très bien. Il y avait de l'eau et de l'électricité. J'ai pris une douche tous les jours, matin et soir, j'en ai profité. Mes hôtes ont un puits artésien dans leur cour. A notre retour à Miragaône, nous avons apporté de l'eau pour ma sœur. L'eau était bonne à boire, mais il faisait faire attention quand même. Par précaution, je n'en ai pas bu.

Tout se passait bien avec ma sœur et mon beau-frère. Je me rendais à l'Église de Dieu tous les dimanches avec elle. Ses sœurs protestantes m'aimaient bien. Chaque mercredi, j'assistais à leur réunion de prière chez elle. Je l'accompagnais également à des rencontres de coopération où différents sujets étaient traités : services communautaires,

services consommations, etc. L'organisation, comptait plus de 480 membres, me paraissait très efficace. Aucun déficit dans leur bilan. J'ai demandé la parole pour les féliciter, particulièrement le président de l'association.

Entre-temps, je poursuivais mes démarches pour la séparation des biens. Le jeudi 11 janvier, j'ai fait une demande de carte d'identité aux Services des contributions, après aussi je me suis rendue aux Téléco pour appeler Jacques. La communication n'était pas possible. Je tenais à le mettre au courant du déroulement des formalités.

Le lendemain, je suis allée présenter les papiers au notaire, Il m'a fixé un prix en réclamant le versement d'un acompte, l'arpenteur également. Je leur ai donné le peu qui me restait, en espérant de joindre Jacques aussitôt possible.

Durant mon séjour à Miragoâne, pour réussir à dormir, il fallait que je prenne de l'ativan. Comme je ne pouvais pas rejoindre Jacques, j'ai pris le taureau par les cornes et j'ai fait un geste incroyable qu'encore aujourd'hui, je trouve presque inimaginable. Vous découvrirez de quoi il s'agit en lisant mes mémoires et mon journal.

Chapitre 8

Mon incroyable saga avec ma doublure

Première partie

Une apparition intempestive aux Cayes

Ne me juge pas, parce que même-moi je n'y comprends rien. Selon moi, ce n'était pas moi qui agissais ainsi. C'est très probablement l'autre Enice qui refaisait furtivement surface. Je n'étais plus moi-même. Je ne parvenais plus à me contenir. L'autre prenait toute la place.

Vivre à Miragoâne devenait de plus en plus difficile pour moi. Pas de communication, pas d'électricité, pas d'eau. Je ne pouvais pas joindre mes enfants et j'avais commencé à être malade à cause de cette eau non salubre. Je souffrais de démangeaisons sur tout mon corps. La ville était excessivement polluée et horriblement sale. Je ne pouvais même pas laver mes vêtements. Pourtant, Jacques disposait de tout chez lui aux Cayes.

Mon journal.
19 janvier 1999

Il est 18 heures 30, je suis aux Cayes dans le bureau de Jacques, je peux dire notre bureau.

Je suis assise avec mon agenda ouvert devant une page blanche depuis deux heures. Je ne peux pas trouver les mots pour décrire comment j'ai pu me rendre ici aujourd'hui. C'est tout un événement. Je ne sais pas comment l'expliquer. Je me suis aperçue que c'était plus facile de passer à l'action que d'en faire la prescription.

Eh oui ! Je suis avec mon mari, Jacques. J'ai pris ma place légitime depuis le 14 janvier 1999. Je vais raconter ce qui s'est passé depuis les cinq derniers jours. C'est du délire jusqu'à présent. Je n'en reviens pas !

Reprenons mon récit

C'était le mardi 10 janvier 1999. J'étais à Miragoâne. Je suis allée au Téléco pour téléphoner à Jacques, de lui faire part, du déroulement du partage des biens. Mais le système téléphonique était encore en panne. Je n'avais pas eu de ses nouvelles depuis le 1er janvier. Or, j'avais beaucoup de choses à lui dire. J'avais en outre besoin de lui pour l'arpentage du terrain familial(?).

J'ai alors pensé que je devais aller directement aux Cayes. J'ai cru bon de faire part de mes intentions à mon amie Nélia. À mon arrivée chez elle, elle faisait la sieste. J'ai avisé la servante de ne pas la réveiller. J'ai pris le parti d'arrêter chez, la voisine, Anne, en attendant qu'elle se réveille. Anne a paru enchantée de ma visite. Comme la conversation allait bon train, je lui ai expliqué ma situation. Je lui ai signalé que Jacques voulait que je reste à l'attendre Miragoâne pendant qu'il cherchait à se débarrasser d'une jeune fille qui s'était s'installer chez lui.

Elle a aussitôt réagi : Ma petite fille, tu es innocente, je vais te raconter l'histoire d'une amie qui habite à New York. Elle a enchaîné : Tu sais, son mari et elles ont fait construire une grosse maison à Port-au-Prince. Le mari est rentré au pays, prétendant qu'il allait préparer le chemin. Il a pris une jeune femme comme maîtresse et maintenant que mon amie veut rentrer elle aussi, il lui raconte toutes sortes de chantages pour l'en dissuader. Puis, elle a conclu : c'est une très bonne idée d'aller passer la fin de semaine aux Cayes dans un hôtel. Ainsi, la fille va sentir qu'il y a de la pression. Même s'il t'a demandé de l'attendre, rends-toi quand même aux Cayes mais pas chez lui. Je l'ai remerciée de m'avoir renseignée et je suis retournée chez mon amie Nelia qui m'a donné les mêmes conseils que sa voisine. Comme il se faisait tard, je suis repartie chez ma sœur Claire. J'ai sans tarder fait savoir à mon beau-frère Goslin que je partais aux Cayes pour rencontrer Jacques. Il a approuvé mon projet.

Le lendemain mercredi matin, 11 janvier, j'ai fait une petite valise.

J'ai été régler mes affaires chez l'arpenteur. Comme mon amie Nelia était passée me voir, je lui ai parlé de mon départ pour le lendemain jeudi 12 janvier. J'ai avisé ma sœur que je partais pour les Cayes le lendemain. Cette nuit-là, je n'ai presque pas dormi. J'avais hâte qu'il fasse jour.

À mon réveil, à 4 heures 30 du matin, j'ai fait une longue prière.

Après avoir pris un café chaud, j'étais prête au départ. Claire et Goslin trouvaient qu'il était trop tôt. Je leur ai fait savoir que c'était mieux pour moi. Je leur ai demandé de prier pour moi, puis je suis montée dans la camionnette en direction de Ruisseaux. De là, j'ai pris place dans un autre véhicule transport à destination des Cayes.

En montant dans l'autocar, je n'éprouvais aucune crainte. Je me sentais forte. J'ai demandé à Jésus de m'éclairer afin que je puisse prendre une bonne décision.

Durant tout le trajet, j'ai eu l'impression que je n'étais plus moi-même. Une voix me chuchotait : Tu n'iras pas à l'hôtel, tu vas aux Cayes chez toi, pour prendre ta place et tes affaires, c'est ton droit. Je tentais de résister à cette voix. Mais une autorité mystérieuse me poussait à lui obéir. C'était plus fort que moi. J'étais devenue tout une autre femme.

Quand je suis arrivée à la station d'autocar aux Cayes, j'ai demandé au chauffeur comment me rendre sur la deuxième grand-rue. Il m'a fait. Madame, vous avez juste à prendre un taxi, le taxi étant une motocyclette. Comme j'avais simplement une petite valise, j'ai effectivement pris un taxi qui m'a déposée devant chez Jacques, il était 11 heures 30 du matin.

J'ai trouvé mon mari dans son magasin debout en train d'effectuer une réparation électrique. La jeune fille était en train de lire, assise devant un bureau. Quand Jacques m'a vu, il a réagi comme quelqu'un qui m'attendait. Je l'ai salué. Il m'a demandé tranquillement ce qui se passait. Il m'a conduit dans la salle à manger. Je lui ai répondu que si j'avais décidé de venir, c'est parce que je n'obtenais pas de communication. Il m'a proposé d'attendre deux minutes. Puis il m'a fait cette invitation : je dois aller apporter une commission à la mère de Renate viens avec moi. Je lui ai fait remarquer que je n'étais pas venue aux Cayes, pour visiter la mère de Renate à la campagne. J'ai ajouté que si j'acceptais de l'accompagner, je laisserais ma valise dans la maison. Il est rentré déposer la valise. Il a repris : je serai plus à mon aise pour te parler sur la route et chez Louise. À notre arrivée là-bas, en présence de la mère de Renate, j'ai lancé à Jacques : je suis venue prendre ma place. Je ne repartirai pas vivre à Miragoâne. Il est resté figé.

La mère de Renate est alors intervenue : Jacques, ta femme est venue pour rester chez elle, c'est sa place, c'est à toi de bien faire les choses. Il a répliqué : Madame, je suis une grande personne, c'est moi qui dois savoir quoi faire. Nous sommes restés sur place quelques minutes, puis, nous sommes allés à geler sur le bord de la plage pour poursuivre notre entretien.

Nous avons discuté de la situation. Il a enfin décidé d'agir. J'étais calme et cela m'a fait du bien de venir au bord de la mer pour respirer l'air frais. Le bruit des vagues et le silence de la nature m'a réconfortée. J'étais prête pour tout ce qui allait m'arriver.

Vers 17 heures 30, nous sommes retournés chez Jacques. La jeune fille se trouvait alors à l'étage du haut avec sa sœur. Jacques a soupé, mais moi, je n'ai rien pris, même pas de l'eau. La jeune fille et sa sœur sont descendues de l'étage. Elles sont entrées dans la boutique et parlaient très fort, en proférant des propos vulgaires. Jacques est allé les rejoindre ; il a mis la sœur à la porte et est monté à l'étage avec la fille pour l'entretenir de son départ de la maison. Elle a bredouillé à Jacques qu'elle ne partirait pas tout de suite, que je devrais lui accorder quelques jours. Elle a poursuivi : Je suis sûre que tu ne peux pas me forcer à partir à l'instant, laisse-moi encore un peu de temps. À son retour, Jacques m'a fait cette suggestion : Allons faire un tour. Je vais t'emmener manger au restaurant.

Avant de nous rendre au restaurant, nous nous sommes arrêtés près du quai au bard de la mer et nous sommes restés dans la voiture pour parler. Il m'a révélé ce que la jeune fille lui avait demandé. J'ai réagi par cette remarque : Tu sais, je ne veux rien savoir. Je suis venue chez moi. J'y reste, qu'elle retourne chez sa mère. Et j'ai précisé : Je me suis laissé faire toute ma vie, jamais plus je ne me laisserai faire. J'ai ajouté : C'est plus fort que moi. J'ai assez souffert, je ne veux plus souffrir, je m'exprimais avec fermeté. J'ai enchaîné : Jacques, pas de chance pour elle parce que cela fait trop longtemps que tu ne me donnes pas de chance ! Jacques me fixait sans répliquer. En fin de compte, il a répété son offre : Enice, depuis ce matin tu n'as rien mangé. Il faut que je t'emmène manger quelque chose, sinon tu vas tomber. Il a conclu : Il faut avoir la force pour ce qui va se passer cette nuit chez moi.

À notre retour chez lui, Jacques est allé voir la jeune fille à l'étage pour lui annoncer qu'elle devait partie le soir même. Elle a pleuré tant en menaçant de se tuer. J'ai conseillé à Jacques de la laisser passer la nuit, elle partirait de bonne heure le lendemain matin.

Jacques et moi sommes restés à l'étage du bas. Il en a profité pour faire du lavage. Puis nous avons travaillé sur ordinateur. Jacques avait tout le confort chez lui : four, réfrigérateur, congélateur, ventilateur, rien ne manquait dans la maison. Celle-ci étant procure d'une installation alternative quand il n'y avait pas d'électricité, tout continuait à fonctionner. Il était tout à fait équipé : douche, toilettes, etc. C'était presque du luxe. Et moi, pendant tout ce temps, je vivais dans la misère à Miragoâne, parce que je ne disposais d'aucun confort. Je ne pouvais même pas me laver, puis qu'il n'y avait pas d'eau.

Je reviens à cette histoire de nuit blanche. La jeune fille a passé la nuit à pleurer. Elle se plaignait de ce qui allait lui arriver, puisqu'elle ne disposait de rien pour vivre et pour manger.

Nous avons passé la nuit à la guetter comme on le ferait d'un bébé.

J'ai recommandé à Jacques d'aller la voir de temps en temps durant toute la nuit. Je lui aussi émis cette idée : Vu qu'elle est misérable et pauvre, à son départ on lui donnera un peu d'argent, de même à chaque mois pour qu'elle puisse vivre et retourner à l'école. Jacques était d'accord avec moi, mais, les choses ne sont pas passées comme nous le souhaitions.

Au matin, à 6 heures, j'ai indiqué à Jacques que c'était le temps.

Elle doit partir, parce que nous autres aussi, nous avons besoin de dormir. Il est monté pour l'avertir de quitter la maison. Cinq minutes se sont écoules, il n'était pas descendu. Je suis montée et j'ai signifié à la jeune fille : Ma petite fille, lève-toi, c'est le temps de t'en aller. À cette heure, tu devrais être à l'école ou chez ta mère. Tu n'as pas de métier, tu viens vivre avec un monsieur marié pour qu'il prenne soin de toi. Et ta mère dans tout cela, qu'est-ce qu'elle pense ? Je lui ai donc un peu la morale. Elle est devenue douce et s'est excusée. Elle m'a supplié de ne pas la laisser tomber, en affirmant qu'elle avait besoin de moi. Une minute après, elle était en train de faire sa valise. Jacques, lui, est resté figé en constatent la réaction de la jeune fille. Durant notre conversation, je n'ai pas crié. Je suis calme avec elle, malgré le fait que je n'avais pas dormi depuis deux nuits.

Tout se déroulait très bien juste qu'à ce que nous ayons entendu sonner. C'était la mère de la jeune fille accompagnée de sa sœur.

Jacques est descendu les rencontrer. Elle avait commencé à débitter des sottises. C'étaient des gens dépourvus de tout ; la mère réclamait de l'argent pour dédommager sa fille. Jacques leur a donnés de l'argent, une bicyclette et d'autres objets. Elles sont parties. La jeune fille était encore à l'étage. Mais dix minutes plus tard, la mère et la sœur sont revenues et elles ont prétendu que l'argent que Jacques leur avait donné n'était pas suffisant. Elles sont rentrées dans le magasin et se sont emparées de beaucoup de marchandises. Elles se comportaient comme des rapaces. Et dans la cousine, elles ont même saisi un four microondes Preston, de la vaisselle, de la nourriture et bien d'autres éléments de la maison. Quand la jeune fille est descendue, elle à son tour ramassé tout ce qu'elle pouvait prendre, comme une voleuse. Jacques et moi, nous les regardions faire sans rien dire. Ensuite, elles sont parties ensemble et nous avons fermé la porte à clef. Elles avaient réussi à empocher pour l'équivalant de plus de 2000 dollars.

Nous sommes montés changer les draps et les oreillers. J'ai désinfecté la chambre et nous sommes allés nous coucher. Il était 11 heures du matin, mais nous n'arrivions pas à dormir à cause de tout ce que nous venions de voir et de vivre. Je n'avais jamais rencontré de telles personnes dans ma vie, des gens aussi dépouilleurs. Leur comportement me faisait mal au cœur.

J'ai dit par la suite exprimé ces réflexions à Jacques : comment as-tu pu profiter de misérables gens pour prendre une si jeune fille de chez mère ? Tout en pensant que tu n'avais pas besoin d'elle, qu'elle était juste là pour satisfaire ton intérêt, tu t'es servi d'elle. Il a réagi par ces mots : Ici, c'est comme cela, Enice, on se sert des petits pour nos besoins. Il a avoué : D'ici quelque temps, tu verras qu'en Haïti, ce sera une jungle, chacun pour soi, il ne faut pas avoir pitié pour les autres. Parce que ceux qui sont avec toi aujourd'hui, recevront demain d'une autre personne plus que toi, et ils te trahiront sans pitié ! C'est comme cela ici !

Malgré ses explications, je ne comprenais rien de ce qu'il venait de me déclarer. Je lui ai cependant retorqué : J'espère que tu as eu ta leçon. Il ne m'a pas répondu.

Nous étions trop tendus pour pouvoir dormir, nous avons dû prendre des calmants. Malgré tout, je ne réussissais pas à dormir.

Je pensais à tout ce que je venais de faire et affronter. Je me demandais si cela valait la peine de venir ici pour vivre avec

Jacques, seule loin de ma famille en Haïti et de ma famille à Montréal. J'étais extrêmement triste. Je n'avais rien révélé de mes doutes à Jacques. J'étais seule avec lui. Il avait une servante ; il venait de la renvoyer parce qu'elle était une parenté de la jeune fille.

J'étais seule à préparer les repas. Jacques lui s'occupait de la maison. Un beau jour, deux de ses neveux sont venus nous rendre visite. Ils m'ont confié qu'ils avaient été les employés de Jacques avant l'arrivée de la jeune fille. J'ai offert à l'un d'eux de revenir travailler pour nous, et je le payerai. Mais, il dormira chez lui. Il est reparti content. Moyennant un salaire décent. Ma proposition lui a plus et il est reparti de bonne humeur.

J'étais soulagé d'un fardeau. Durant trois jours, Jacques avait fermé la boutique dans l'intention d'y remettre de l'ordre. Daniel le neveu réembauché, avait entre-temps ramené de la campagne un de ses petits frères âgé de 10 ans. Celui-ci vivrait avec nous à titre de domestique sans gages. Il s'appelait Roger. La maison était dès lors au complet.

J'étais bien décidée à faire mon possible pour que tout marche bien. J'ai avisé Jacques : Il faut que nous ayons confiance l'un en l'autre et que nous acception de discuter quand les choses ne vont pas bien. J'ai ajouté : Le respect est très important dans un couple. J'ai poursuivi : Je suis sûre que, si tu fais toi aussi un effort, tout ira bien et que nous pourrons vivre ensemble sans problème majeur,

À ce sujet, tant était claire dans ma tête. Mais question la plus importante pour moi concernant l'écriture de mes mémoires.

Depuis mon retour en Haïti, je n'avais pas écrit un mot là-dessus. J'étais en même temps déterminée à vivre en paix avec mon mari.

Moment présent

Depuis quelques jours, J'éprouve de la difficulté à reprendre mon activité d'écriture. Je me sens épuisée mentalement et physiquement : mon dos, mes jambes et ma main droite me font intensément souffrir. Malgré mes exercices, le sang ne circule pas bien dans l'une de mes jambes. Je suis devenue très fragile et sensible, je pleure pour un rien, mais je déploie quand même de sérieux efforts pour réaliser mon objectif. Il y a des passages qui, une fois écrites, me plongent dans un sentiment de dégoût. Je pourrais prendre une pause au moins un ou de deux jours avant de continuer, mais je n'abandonnerai pas, je dois tenir bon.

Deuxième partie

Une présentation de Cayes

Je vais décrire le peu que je connais des Cayes, tout en racontant mon séjour dans cette ville.

Notre maison. La maison était située à la deuxième Grand-rue, (appelée rue General Bauvoir). L'un des cousins de Jacques possédait une grande propriété dans cette rue. Elle était repartie en deux maisons de deux étages jumelés. Il y avait un grand garage commun.

Chaque famille avait droit à des services qui lui étaient propres.

Les seules commodités que nous partagions, était l'eau des citernes et des fosses septiques. Jacques occupait la plus petite maison ; il avait conclu un bail annuel.

À vrai dire, c'était le bas d'un hall, converti en maison. Il y avait la galerie sur le côté droit, avec l'entrée du garage commun. La boutique se trouvait à l'avant de la maison. Toute de suite après, c'était la salle à manger, la cuisine aussi qu'une porte et une fenêtre qui s'ouvraient sur le garage, de même que les toilettes à l'arrière avec douche et bain. Dans la salle à manger, Jacques avait aménagé une chambre pour la servante et le petit domestique.

Du garage, on pouvait aller l'arrière de la maison et sur le toit pour aller faire sécher du linge. Nous ne disposions pas de cour. Nous ne pourrions voir le soleil que par la grande porte d'en avant qui donnait sur la galerie.

À l'étage du haut se trouvaient le salon, un petit bureau et un dépôt. Et au fond, Jacques avait installé un dispositif de séparation, en vue de disposer d'une chambre fermée. Un escalier, conduisait à une porte fermée à clef que personne ne pouvait franchir sans que Jacques le sache. Il avait mis en place un système d'alarme à cette porte. L'étage du haut ne comprenait pas de fenêtre qui offrait la vue sur le garage, mais la maison disposait d'un grand balcon qui donnait sur la boutique et, vu que le mur du haut de la boutique était fait en claustras, de petites ouvertures était ménagées entre les briques. On pouvait voir tout qui se passait à l'extérieur et dans la boutique. Mais il n'y avait pas beaucoup d'air et de clarté ; le soleil ne pénétrait pas. C'est pour remédier à cette situation que Jacques avait placé des ventilateurs et des lumières électriques partout dans la maison.

Parfois quand j'étais à court d'air, j'allais me promener sur la galerie quand la poussière, presque constante, ne se révélait pas totalement irrespirable. Les employés étaient toujours en train d'épousseter les marchandises et les meubles. Quant à moi, c'est à longueur de journée que je me nettoyais les narines pour enlever cette poussière. Voilà donc la maison où j'ai demeuré avec Jacques durant mon séjour aux Cayes.

Troisième partie

Mes débuts aux Cayes, janvier 1999

Au fil des jours, je réussissais à apprivoiser la maison. Tout d'abord, Jacques m'avait amenée chercher mes valises chez ma sœur à Miragoâne. Nous y étions restés deux jours. Nous en avions profité pour faire arpenter les terrains.

Je n'y comprenais plus rien. Jacques était pressé de faire la séparation des biens. Il me disait que c'était mieux de régler rapidement cette question, pour pouvoir tout vendre. Je lui avais répliqué que je ne voulais rien précipiter, d'autant plus qu'il disposait de l'argent nécessaire pour nous faire vivre dans l'intervalle. Il m'a crié : Je ne peux pas me déplacer d'une ville à l'autre à tout moment, pour une histoire de séparation de terrain ! Je tenais à ce qu'il m'avoue combien d'argent il lui restait. Il m'a exhortée à ne pas m'inquiéter et m'a promis que je le saurais bientôt. Soucieuse de ne pas lui ennuyer avec ce sujet, je ne lui en ai plus reparlé. L'arpentage des terrains terminé, nous sommes repartis pour les Cayes. Nous avons donné notre numéro de téléphone à l'arpenteur pour qu'il nous avertisse quand les papiers seraient prêts.

Tout allait pour le mieux à la maison. Je me suis familiarisée avec le petit domestique Roger et le jeune employé Daniel. Ce neveu de Jacques, l'aidait de temps en temps à réparer la voiture et la camionnette. Il avait un frère, Tome et son cousin, Jacob, ce dernier étant lui aussi un neveu de Jacques. Ils venaient chercher Daniel presque tous les soirs. Ils en profitaient pour prendre leur seul repas de la journée, que j'avais mis de côté à leur intention. Je me suis bientôt aperçue que ces jeunes garçons n'avaient aucun autre lien familial, pas d'argent, ni aucun d'endroit pour dormir. Ils n'étaient pas non plus aux études. Je leur ai préposé de les aider s'ils décidaient de s'inscrire, au moins à des cours du soir. Nous les avons donnés de l'argent de l'inscription. Mais cet argent, ils l'ont dépensé pour tout autre chose.

Jacques m'a alors réprimandé : « Je t'avais prévenue que ces jeunes-là n'étaient pas sérieux, qu'ils sont habitués à leurs misères. J'étais assez d'accord avec lui, mais je croyais néanmoins que nous devions leur tendre la main. J'ai donc continué à leur donner à manger et à les habiller. Quant au neveu Daniel, il recevait son salaire chaque mois ; il était lui aussi très bien traité. Le petit domestique, Roger, était lui aussi très bien traité. À son arrivé il était maigre, avait les oreilles debout, les yeux ressortis, les tempes creuses, un gros ventre et les jambes semblables à deux baguettes. À peine une semaine plus tard, il avait grossi. Je lui avais acheté de beaux vêtements et des chaussures. Il dormait et mangeait bien. Il était toujours propre. Je l'aimais beaucoup.

Le petit Roger ne savait ni lire ni écrire. Avant de l'inscrire dans une école, je lui ai donné des cours sur la lecture et l'écriture.

Au bout de deux mois, je l'ai inscrit dans une école située non loin de chez nous, il s'y rendait une demi-journée, chaque jour. Il me respectait, m'obéissait docilement ; c'était mon petit gardien. Il surveillait tout ce qui se passait dans la maison et dans la boutique. Ce petit garçon, je l'ai un beau jour perdu de vue. Je ne sais pas ce qu'il est advenu de lui. J'aimerais tellement à continuer à l'aider. Il m'avait décrit sa vie de misère alors qu'il habitait avec ses parents et ses sœurs et frères. Il m'avait confié que pour apaiser la faim, ils buvaient de l'eau et mangeaient des feuilles de papaye. Le soir venue, ils se couchaient très tôt et se réveillaient très tard. Ce détour leur évitait d'avoir faim trop longtemps.

Dans leur village, quand un animal mourait, ils ne se souciaient pas d'en connaître la raison. Ils s'empressaient d'aller chercher un morceau de viande de la bête et le gardaient pour en manger des parties durant une semaine même s'il commençait à tomber en décomposition. Ses deux grands frères étaient aussi maigres que lui, lorsqu'ils sont arrivés chez moi. Durant mon séjour aux Cayes, j'ai fait tout mon possible pour les assister leur procurer un peu de confort et un peu de bonheur. J'éprouvais une grande peine à voir des gens vivre dans la misère. J'ai un peu partagé ce que je pouvais avec eux. Et je ne le regrette pas du tout.

Quoi qu'il en soit, je n'hésite pas à affirmer que, si je suis encore sur la terre, c'est grâce aux pauvres gens qui ont apporté un peu de bonheur dans ma vie quand je demeurais aux Cayes et à Miragoâne.

Au début, Jacques m'a fait visiter la ville pour que je puisse m'y habituer. Il m'a montré l'endroit où il allait chercher de l'eau potable, dans un puits artésien. Il m'a emmené au quai des Cayes. Nous mangions très souvent au restaurant. Parfois, en fin de semaine, nous organisions des piqueniques avec les jeunes. Nous passions la journée à la plage de Gelée.

24 janvier 1999

C'est le dimanche de la ma deuxième semaine depuis que je suis arrivée aux Cayes. Nous sommes allés à la plage de gelée avec les quatre gars. Nous avons fait un barbecue, les gars ne cachaient pas leur joie. C'était la première fois qu'ils voyaient et mangeaient la viande cuite sur du charbon. Leur contentement me faisait vraiment plaisir. Jacques, de son côté, se reposait. Il ventait fort ; je ne me suis pas baigné. Je me suis paisiblement promenée sur la plage, je ressentais le sable chaud sous mes pieds. Cette sensation me causait un grand bien. Je regard l'étendue de l'océan avec les vagues. J'éprouvais une délicieuse joie. En même temps, je mémorisais tout ce que j'avais vécu auparavant. J'ai remercié Dieu et j'ai songé à mes enfants et à mes petits-enfants au Canada. Je savais qu'ils allaient bien. J'en ai conclu que maintenant, c'était à mon tour de connaître un peu de bonheur.

Au cours d'une conversation avec Jacques, je l'ai averti que c'était désormais fini de faire des folies et que nous devions nous engager à vivre dans l'harmonie. J'étais sa femme légitime et le respect devait régner entre nous.

C'était vraiment mon but de tout tenter pour que les choses se passent bien entre Jacques et moi. Je prévoyais que j'aurais à sacrifier mon douillet confort, à m'éloigner de mes enfants, et de mes petits-enfants pour retourner vivre dans un pays où je ne connaissais plus personne. Par sa faute, j'étais en froid avec ma sœur Irène qui j'aime tant aussi qu'avec ma sœur de Miragoâne. Pour toutes ces raisons, je devrais coûte que coûte gagner mon pari.

Au début, durant au moins trois semaines, ce fut l'harmonie et la joie, mais je soupçonnais que Jacques cachait à coup sûr une arrière-pensée. En même temps, Je ne me comprenais plus. J'étais devenue moins sentimentale. J'éprouvais la sensation de ne pas être chez moi. Ma spontanéité n'y était presque plus, mais je faisais tout mon possible pour que Jacques ne se doute de rien. Je me sentais trahie. De son côté, il devenait de plus en plus cachotier. Et je croyais plus en sa sincérité. J'étais certain qu'il me cachait quelque chose, comme d'habitude.

Au fil des jours, Jacques avait pris la mauvaise habitude de partir de la maison dès le début de l'après-midi. Il quittait toujours à la même heure, soit à 14 heures 30, pour revenir vers 18 heures 30. Il inventait toujours une excuse. À ce moment-là, je me sentais seule, et ce constat de ma situation me peinait. Il faisait sûrement exprès pour m'embêter. Un soir, il est revenu à 21 heures, je ne pouvais pas y croire. Cette fois-ci, je ne l'ai pas pris d'autant plus qu'il m'avait promis de sortir avec moi ce soir-là. Je me trouvais dans une ville où je ne connaissais personne, je m'attendais à ce qu'il soit plus compréhensif. Il aurait dû comprendre que quand il partait, je me sentais extrêmement seule. De plus, tout pouvait survenir durant son absence.

Chaque fois qu'il revenait à la maison, il m'accablait de paroles négatives. Il me débitait des bêtises, il parlait de mon ex-mari et de ses aventures à lui avec des femmes. Son comportement à mon égard me paraissait irrationnel.

Moi qui croyais que ce séjour en Haïti m'apporterait la paix, je refusais d'admettre que mes rêves étaient loin de se concrétiser.

En fait les problèmes venaient juste de commencer. Jacques cherchait toutes l'occasion pour me faire du mal. Je me suis alors tenu ce raisonnement : Il est vraiment trop tard pour retourner en arrière et de toute façon, ce sera très honteux pour moi si je pars. « Alors, j'y suis, j'y reste, c'est tout. Et j'ai conclu : Quoi qu'il en soit, est en train de se détruire lui-même. Tout compte fait, je me sentais en paix avec moi-même. Mais lui, il était perturbé comme une personne qui nourrissait un démon dans son cœur. À un moment donné, il a même menacé de me frapper. Je me suis défendue. Je l'ai averti de changer de conduite, parce que je pourrais devenir dangereuse si je m'y mettais, d'autant plus que personnellement je ne lui avais jamais fait du mal.

Jour après jour, je réalisais que le bonheur ne viendrait pas tout seul. Mon bonheur, je devrais moi-même le construire.

Tranquillement, j'ai commencé à prendre ma place dans cette ville inconnue. La cousine de Jacques, Zita, est arrivée de Montréal pour un séjour chez son frère. Elle m'a communiqué des nouvelles de mes enfants. Ma fille, Natatsha m'envoyait des photos de mes petits-enfants, j'étais ravie de les voir.

J'ai aussitôt appelé Natatsha pour la remercier elle attendait de toute façon que je lui téléphone. Elle m'a confié que la vie était difficile pour elle à Montréal parce qu'elle était tombée malade et qu'elle ne pouvait donc pas aller travailler. Après avoir payé son loyer, le peu d'argent qui lui restait n'était pas suffisant pour lui permettre d'acheter la nourriture. Les enfants ne mangeaient pas à leur faim. Je l'ai autorisée à faire chaque mois un retrait de mon compte bancaire, afin remédier à la situation.

Cela me révoltait d'apprendre que mes propres enfants souffraient de faim à Montréal, que dans ma maison, aux Cayes, les enfants mangeaient à leur faim et qu'ils gaspillaient la nourriture durant mon absence. Je les réprimandais constamment à ce sujet, que leur frère et sœur n'avaient rien à manger à la campagne. J'ai aussi appelé mon fils Max qui m'a indiqué, que de son côté tout allait bien. Sa femme et lui attendaient un bébé pour le mois de septembre. J'étais soulagée d'entendre enfin une bonne nouvelle.

Nous étions maintenant au début de février. Je ne sortais presque pas. Jacques ne m'amenait nulle part. Je me rendais à l'église chaque dimanche après-midi. Je m'ennuyais. Je séjournais dans un pays chaud et il savait comment j'aime la mer. Il ne me conduisait plus à la plage, me promettait invariablement que ce serait une prochaine fois.

Un week-end, mon amie Nelia de Miragoâne et son mari Stone sont passés nous voir. Ils faisaient route pour Dame Marie, une ville située à deux heures des Cayes. Ils nous ont invités à nous joindre à eux pour la journée. J'étais très intéressée par l'offre, sûre que Jacques l'accepterait. Il leur a prétendu que nous les retrouverions le lendemain, qu'ils pouvaient en tout quiétude compter sur notre présence. À leur départ, il m'a fait observer : Ne pense pas que je vais aller là-bas, tu peux enlever cette idée de ta tête. Je n'irai pas et toi non-plus, parce que tu ne connais pas l'endroit, alors oublies ça. Bien que j'aie insisté, il n'a pas changé d'idée. J'étais réellement déçue, parce que je voulais voir autre chose, et qui m'aurait fait du bien.

Je me souviens que le 14 février 1999, la Saint-Valentin, cela faisait un mois que j'avais repris la vie de couple avec Jacques.

J'avais prévu de passer une bonne soirée tranquille en sa compagnie. Cette soirée-là, je l'avais décrite dans mon journal.

14 février 1999 — journal

Cette soirée-là, après avoir soupé tranquillement, j'ai pris ma douche. Jacques lui, était prêt à lui aussi le sienne., quand on a sonné à la porte. Roger est allé répondre, C'était un garçon qui désirait parler à Jacques. Il l'a informé que la jeune fille requérait sa présence ; elle avait besoin de lui. Je l'ai enjoint de faire signifier à cette importune qu'il était occupé. Il ne m'a pas écouté et est parti pour rejoindre.

Alors, j'ai décidé de monter dans ma chambre. J'étais très furieuse. Au retour de Jacques, je lui ai déclaré que je n'étais pas du tout contente de la façon dont il agissait. Au lieu de s'excuser, il a réagi en proférait des âneries. Hors de moi, j'ai brisé un pot. Il m'a frappée et nous nous sommes battus, tout cela à cause de cette fille opportuniste. Cette histoire m'a rendue malade. Mais après deux jours, Jacques et moi, nous nous sommes réconciliés.

Les disputes finissaient toujours par du sexe fait avec violence. C'était dégoûtant. Je m'étais aperçue quand il désirait accomplir du sexe avec violence, il s'arrangeait toujours un problème pour que nous nous disputions.

Je continue mon récit

Au fils des jours, Jacques est devenu plus calme. Il sortait moins souvent qu'avant. J'ai réussi à engager une servante, Maguy. Elle était de petite taille, elle savait un peu lire et écrire. Je pouvais donc dresser la liste d'épicerie pour qu'elle achète le nécessaire. Elle était de religion baptiste. Je lui donnais congé le samedi pour qu'elle ait le temps d'aller à l'église. Elle était mère d'en enfant de trois ans. Elle l'avait laissé à la campagne à la garde de sa mère. Tous les 15 jours, il lui était permis de partir voir son fils et d'apporter de la nourriture et des provisions à sa mère. Tous les employés étaient bien traités. Je les considérais comme des membres de la famille. Cela, d'autant plus que je ne connaissais personne dans cette ville inconnue. Au moins, je pouvais compter sur eux.

À un moment donné, l'arpenteur nous a appelés pour nous informer que les documents relatifs à la séparation des terrains étaient prêts. Nous avons pris la décision de rentrer à Miragoâne afin de rencontrer le notaire et de acheteurs potentiels. Jacques voulait à tout prix que je vende les terrains. Il tentait de me convaincre qu'avec cet argent, je deviendrais autonome. Après avoir hésité un peu, j'ai fini par l'écouter.

À notre arrivée à Miragoâne, je suis passée voir ma sœur Claire Chez qui je comptais dormir cette fois-ci. Elle et son mari n'étaient pas contents de me voir, et ils me l'ont fait sentir. Je n'y suis pas restée longtemps. J'étais triste de leur accueil. Nous sommes alors allés chez mon amie Nelia ; de là, nous avons pris contact avec le notaire qui nous a avisés de venir le rencontrer avec l'arpenteur sur l'un des terrains, étant donné que des gens y étaient intéressés.

Après avoir tout vérifié, que les documents étaient en bon ordre, je lui ai remis ce qu'il me restait à lui payer. Le même après-midi, nous avons réussi à vendre un des terrains. Le lendemain, nous avons pu finaliser les papiers. De retour aux Cayes, j'ai remis à Jacques les 2000 dollars qu'il m'avait prêtés pour les différentes transactions. Il m'a signalé savoir qu'il n'avait plus d'argent pour payer la maison et l'électricité. Il comptait de plus faire réparer sa camionnette et engager d'autres dépenses, etc. J'ai cherché à savoir pourquoi qu'il n'avait pas acquitté le loyer. Il m'a raconté que le paieraient était en retard d'un an, que son compte d'Haïti était à sec et que le reste de son argent était dans un compte à Montréal. Ma seule réaction fut de lui remettre la majeure partie de l'argent de la vente du premier terrain.

Cette histoire de la vente des terrains était devenue très stressante pour moi. D'un côté, il y avait Jacques qui me pressait de vendre et, de l'autre côté, ma sœur Claire qui me priait de ne pas vendre les terrains. J'étais fatiguée de toutes ces discussions, c'était comme si je sollicitais des faveurs. Les pressions qu'exerçait Jacques s'avéraient difficilement supportables. En fait, je n'avais pas besoin de cet argent pour vivre ; c'était lui qui en avait besoin et il semblait prêt à tout pour l'obtenir.

Vu que, désirais me libérer de tout ce stress et ne plus m'occuper de la vente des terrains, Jacques m'avait préposé de lui confier une procuration notariée à ce sujet. J'ai accepté de le faire, afin d'éviter toute confrontations avec ma sœur. J'ai déposé le peu qu'il restait à la banque, par simple réflexe de prévoyance. J'ai par la suite fait parvenir les documents du partage à tous mes sœurs et frères. Ainsi, chaque personne concernée saurait ce qui lui revenait en droit.

Entre-temps, je n'avais pas recommencé à écrire. Ce qui me rendait bien nerveuse. Ma vie avec Jacques défilait en montagnes russes, au point que je ne pouvais pas être tranquille pour rédiger mes mémoires. Il importait à tout prix que je fasse quelque chose, mais je ne savais pas encore quoi.

Un jour, j'ai décidé de reprendre mon journal, mais je ne pouvais plus le retrouver. J'étais malheureuse. Je croyais que Jacques l'avait déchiré. Pendant deux mois, je me suis résignée à écrire sur des feuilles volantes. Entre-temps un douloureux chagrin me tenaillait le cœur en raison de la perte de mon journal.

Troisième partie

Changement dans le comportement de Jacques

Depuis notre retour de Miragoâne, Jacques était devenu silencieux. Il ne me parlait presque pas et je n'avais personne à qui me confier. Alors je me suis plongée dans la lecture. Je n'écrivais plus, je n'avais pas la tête pour cela. Jacques était constamment rivé à son l'ordinateur. De mon côté, je me sentais bien malheureuse. Je m'ennuyais de ma famille à Montréal. Je n'avais pas d'amis aux Cayes. Jacques, lui, il se déclarait très à l'aise dans cette ville. Il avait ses neveux, son cousin et comme il me l'avait affirmé un jour : « Ici en Haïti, je suis sur mon territoire, je peux faire ce que je veux, et aussi ce que je veux faire avec toi. Cependant, je ne reçois d'ordre de personne ! »

L'idée suivante m'est alors venue : j'achèterai un billet pour Montréal, où je séjournerai deux mois. Je passerai Pâques là-bas avec mes enfants et, on ne sait jamais, peux être que j'y resterai. J'ai fait part de mon projet de voyage à Jacques. Il m'a confié qu'il caressait la même idée. Nous sommes montés à Port-au-Prince pour l'achat des billets et la réservation. Le départ fut fixé pour le 10 mars 1999.

À notre retour aux Cayes, en une semaine, nous avons préparé nos bagages et fermé la maison. Jacques n'a pas voulu y laisser ses neveux dans la maison par crainte des voleurs. Nous avons envoyé le petit domestique Roger chez ses parents en lui remettant des provisions et de l'argent.

J'étais pressée de partir. Cela faisait trois mois que je n'avais pas vu mes enfants et mes petits-enfants. J'avais hâte de les revoir.

J'ai appelé mes enfants pour leur annoncer que nous arrivions à Montréal le 10 mars. Ils m'attendaient avec joie.

Chapitre 9

Pâques à Montréal

Première partie

Mon séjour à Montréal, Pâques 1999

À notre retour à Montréal, les enfants étaient heureux de me revoir. Mais une froideur s'était installée entre eux et Jacques. Ils se tenaient sur la défensive. Ils ne lui faisaient pas confiance. Ce qui tout compte fait, était normal. Nous étions descendus chez Natatsha qui nous avait prêté sa chambre è coucher. Mais cette mesure me créait un réel malaise. J'ai signalé à Jacques que nous devions louer un appartement pour les deux mois que nous resterions à Montréal.

J'ai repris mes meubles que j'avais entreposés avant mon départ pour Haïti. Nous avons pu trouver un appartement non meublé que nous avons loué pour deux mois. J'ai fait mettre un téléphone. J'ai ensuite exigé de Jacques une preuve concrète du montant restant à son compte de banque. C'est que, chaque jour, il prétextait que rien ne pressait pour cette vérification. Et chaque fois, il trouvait une nouvelle excuse.

Durant ce séjour à Montréal, nous avons pu rencontrer nos médecins et renouveler des prescriptions. Avec l'argent dont je disposais, nous avons acheté des marchandises à destination d'Haïti. Ils ont été expédiés par conteneur, ainsi que le reste de mes meubles.

Nous sommes repartis pour Haïti le 3 mai. J'estime avoir passée de beaux moments avec mes enfants et mes petits-enfants, de même que d'agréables Pâques. J'étais allée rendre visite à ma sœur et à mon frère à plusieurs reprises. Irène s'était montrée indifférente envers moi. Quant à mon frère Robert, son état de santé me préoccupait fortement.

J'ai finalement su que Jacques n'avait plus d'argent. Il m'avait raconté pendant longtemps des histoires qui ne tenaient plus debout. Mais ce n'est que quelques mois après notre retour en Haïti qu'il m'a avoué avoir eu un plaisir fou à dépenser cet argent. Qu'il s'était éperdument amusé avec sa maîtresse de Toronto et la jeune fille d'Haïti ! En six mois, il avait dépensé plus de 100.000 dollars, le montant qu'il avait obtenu à la suite de son accident. Durant notre séjour à Montréal, avait subrepticement expédié de l'argent à la jeune Haïtienne. C'est grâce à la découverte d'un reçu que je l'ai appris. Il ne pouvait plus la nier.

Décidément, il n'était pas du tout sincère avec moi. Il me cachait beaucoup trop de faits.

Deuxième partie

Mon retour en Haïti et aux Cayes

Mai 1999

De retour en Haïti, j'avais décidé de changer de comportement. Et de mieux concentrer mon esprit, et d'abord sur moi-même. Je me suis fixé l'objectif de terminer mon livre à tout prix. De rédiger, sans plus faillir, mes mémoires. Nous étions au mois de mai. Je tardais cependant à amorcer le projet.

J'ai résolu alors d'ignorer tous les obstacles que Jacques me créerait, en vue de bien canaliser mon énergie, Je m'étais par exemple aperçue qu'il semblait m'écoutent chaque fois que je me remettais à écrire. Il cherchait sans cesse un moyen pour tenter de me déconcentrer. Je priais pour qu'il finisse par me laisser tranquille. Un beau jour, j'ai retrouvé mon journal sur mon bureau, c'était comme si une main miraculeuse l'y avait déposé. Fait vraiment mystérieux ! Était-il perdu ?

Dès lors, ma méfiance s'est accrue, J'étais malheureuse d'apprendre à quoi Jacques avait utilisé son argent, j'ai même eu l'idée qu'il était venu me chercher à Montréal parce qu'il ne lui restait plus argent. Il savait que mes parents m'avaient laissé une partie de leur héritage. Or, je lui avais toujours indiqué que je n'y toucherais pas, Il m'a cette fois encore tendu un piège, et j'y suis tombée. Il attend généralement que je connaisse des moments vulnérables pour me prendre dans des chausse-trapes. J'étais devenus sa marionnette et je mordais invariablement à l'appât constamment !

Troisième partie

Jacques change d'attitude

Depuis notre retour en Haïti, Jacques avait beaucoup changé et moi de même. Le jour, il réparait des voitures dans le garage, l'après-midi, il sort pour revenir tard dans la soirée. Il s'installait alors à son ordinateur et l'heure du coucher venue, il prenait sa douche et s'endormit aussitôt après.

J'avais l'impression qu'il cherchait à se dérober. Je l'observais sans rien dire. Mais en même temps, je m'étais mise à mon livre. Je disposais de beaucoup de temps libre, puisque son neveu et le petit Roger s'occupaient de la boutique. La servante de son côté, prenait soin de la maison. Malgré tout, je ne faisais confiance à personne, sauf au petit garçon. Depuis que le neveu de Jacques, Daniel, m'avait fait boire de l'eau contaminée, je ne croyais plus en leur loyauté. J'avais passé toute une semaine avec en proie à de la diarrhée et des maux d'estomac.

Jacques avait recommencé à revoir la jeune Haïtienne et il gardait un contact continu avec la fille à Toronto. Quand tentais de lui en parler, il se fâchait. Il trouvait sans cesse des excuses. Il prétendait que s'il continuait d'aider financièrement la jeune fille, c'est tout simplement parce qu'elle n'avait rien à manger. De prime abord, l'argument paraissait valable, n'expliquait pas pourquoi il la voyait aussi souvent.

Cependant, avec le temps, la situation s'était quelque peu améliorée. C'est ainsi que le dimanche, nous allions ensemble à l'église, à la plage de gelée, au restaurant, etc. Néanmoins, je me tenais sur mes gardes. Je m'étais liée d'amitié avec la gérante d'un magasin qui vendait du matériel de construction. Celui-ci était situé à proximité de notre maison.

Presque chaque jour, elle venait me voir à la boutique. Nous discutions de tout. Je me sentais moins seule. Elle m'invitait chez elle et en même temps, elle me prodiguait des conseils sur la façon de se comporter avec les Cayens. Ceux-ci commençaient à me montrer des marques d'estime, mais je restais quand même prudente.

Quatrième partie

Journal

À l'occasion de la fête des Mères

Nous sommes au 28 mai 1999 et c'est la veille de la fête des Mères en Haïti. Mes souvenirs me ramènent à ma jeunesse, au décès de ma mère et à l'accablante douleur que j'ai alors éprouvée. C'était vraiment difficile pour moi de décrire ce passage de mon enfance le processus ranime une très forte peine en moi. J'en pleure même, mais je dois continuer si je veux terminer l'écriture mes mémoires. D'un autre côté, è la rédaction de chaque nouveau passage, je me sens délivrée d'un de mes fantômes.

Cinquième partie

Jour de la fête des Mères en Haïti

30 mai 1999 — Journal

Aujourd'hui, c'est la fête des Mères en Haïti. Je pense à mes enfants. Mon mari Jacques m'a réveillée de bonheur ce matin pour me dire « Bonne fête des Mères. J'ai été vivement étonnée parce que depuis que nous sommes mariés, il ne l'a jamais fait. Son geste m'a causé un grand plaisir. J'ai fait mine de le remercier, mais il est parti en m'annonçant qu'il avait un rendez-vous très important. Je ne l'ai pas retenu. Mais je trouvais son attitude un peu louche. J'ai aussitôt éloigné cette pensée négative, je n'entendais pas gâcher ma journée. Elle s'est heureusement bien passée.

J'ai beaucoup pensé à ma vie d'autrefois, à ma mère, et aussi à mes sœurs et mes frères dont le comportement à beaucoup changé avec moi depuis la séparation des terrains. C'est drôle, la vie. Pourtant chacun d'eux a obtenu sa part.

Le soir du 30 mai, Jacques et moi, sommes allés à l'église, Puis à un restaurant pour souper. Il m'a indiqué qu'il aurait aimé m'emmener au cinéma, mais que malheureusement il n'y avait pas de salle de cinéma dans la ville des Cayes.

Si je suis retournée sur mon passé cette journée-là, c'est parce que je ne comprenais pas les réactions de mes sœurs et de mes frères envers moi. Et en même temps, j'ai estimé que c'était peut-être pour me protéger de Jacques. Ils avaient sans doute deviné des choses que moi, je n'avais pas pressenties. J'étais aveugle, somnambule pour ne rien remarquer dans les jeux de Jacques. Je n'y comprenais absolument rien. Je réagissais comme un zombi qui lui obéissait à la lettre.

Sixième partie

Mon passe-temps aux Cayes

Nous étions au mois de juin. J'ai pu parler à ma fille le 2 juin 1999. Elle m'a donné des nouvelles de la famille. Ma petite fille Elle-Camay venait d'être opérée pour des amygdales et tout s'était bien passé. Elle avait trouvé un contrat pour production d'un film. Toutes ces bonne nouvelles m'on rassurée La vie quotidienne se déroulait plus ou moins bien aux Cayes. Bien des gens, des jeunes surtout, venaient me voir pour me demander des conseils sur un sujet ou un autre. Par exemple, sur des préparatifs de voyages, d'administration, etc. Je ne sortais presque pas. Sauf pour me rendre à l'église le dimanche après-midi et accompagner Jacques tous les deux jours, en vue d'aller puiser de l'eau au puits. J'aimais ce coin-là parce qu'il était en retrait de la grande ville.

À l'entrée, se dressait une grande maison antique de deux étages, inhabitée. Le puits se trouvait en arrière de la grande cour près d'un ruisseau. L'endroit était entouré de jardins comprenant des grands arbres, des manguiers, des avocatiers, des arbres à pain, des plantations de riz, de petits mil. etc. On entendait les cris des oiseaux, le bruit des feuillages et des effets d'écho dont résonances produisaient, une musique suave qu'on n'aurait jamais imaginée. Je ne sais pas si d'autres personnes la percevaient, mais oui ! J'étais heureuse, l'effet était beau et doux. J'aimais beaucoup aller là-bas. Je m'y sentais apaisée et désireuse de continuer.

Il m'arrivait d'éprouver un fou plaisir juste à regarder les passants. Les marchandes avec leurs gros paquets sur la tête. Les servantes qui allaient faire le marché pour la préparation du dîner. Les élèves qui se rendaient à l'école ou qui en revenaient, Des flâneurs s'y attardaient à longueur de journée, simplement pour regarder les mouches voler ou sommeiller, ou encore pour critiquer ou louanger des gens. Des hommes s'y rinçaient l'œil sur les fesses et les seins jeunes filles.

Je me souviens qu'en face de chez nous, se trouvaient deux magasins de deux étages. Les occupants demeuraient aux étages supérieurs. Ceux du bas étaient en faits des halls dont les portes étaient toujours fermées. Au lieu de circuler dans la rue, les passants empruntaient les galeries pour se protéger du soleil et éviter de marcher sur des pierres concassées dont étaient construites les rues. À un point apparemment tout désigné, chaque fois que quelqu'un, homme ou femme, était pris d'une pressante envie d'uriner, il se soulageait, sans aucune gêne, Et les chiens imitaient les humains, tout naturellement. C'était vraiment amusant à observer.

J'adore ces moments où les marchandes venaient me vendre des produits de leur jardin, des fruits et des légumes. Elles prenaient tout leur temps. L'une ou l'autre me répétait : Madame, j'aime venir vous vendre mes produits. Vous apprécier tous les humains, vous nous parlez. Et vous nous donnez toujours quelque chose à boire. Vous prenez un peu le temps de nous écouter vous raconter nos petits problèmes et nos misères. Avant de partir, ces vendeuses m'assuraient toujours que Dieu me bénirait.

Toutes ces personnes me respectaient et je me comportais pareillement avec elles. Ce sont des gens comme vous et moi, mais avec une éducation, des modes, de vie et des conditions sociales différentes. Ils n'attendaient pas grande chose de nous. Juste un peu d'attention pour soulager leurs misères et leurs problèmes. Je suis allée vivre là-bas sans prévoir ce que j'y ferais. Tout compte fait, j'ai réussi à aider beaucoup de gens qui ont sollicité mes conseils et mon expérience.

Je ne rapporte pas ces faits en vue de me vanter. Je tiens seulement à signaler qu'en rétrospective, je ne regrette pas du tout d'avoir vécu dans cette ville et porté assistance à des êtres humains dans le besoin.

Septième partie

Mes déplacements les Cayes, Miragoâne et Port-au-Prince

Malgré la fatigue que me causaient m'est va-et-vient, entre les Cayes, Miragoâne et Port-au-Prince, je me sentais vraiment bien en ces moments. Même si la camionnette subissait des pannes à répétition avec leurs inconvénients, je me contentais d'apprécier la nature ou de faire de la lecture ou écrire, ou encore d'observer les gens de chamailler ou s'amuser. En Haïti, on a constamment le loisir de voir ou d'entendre des scènes comiques. On n'a donc pas le temps de s'ennuyer.

La ville de Cayes est située dans le sud du pays, au beau milieu d'une plaine. Les régions avoisinantes sont cependant montagneuses. Ce que j'aimais le plus lorsque je partais en voyage. C'était de m'engager sur la Route Nationale au sortir des Cayes, en écoutant une belle musique de détente dans l'auto. On pouvait contempler les montagnes verdoyantes des deux côtés du chemin, planqué de jardins et d'arbres et aussi de quelques petites maisons. Un peu plus loin, en approchant le mont Saint-Georges, on pouvait observer du sommet l'océan et la plage bordant la route de Saint-Louis et d'Aquin. C'était une merveilleuse vue du haut de la montagne, et j'en tirais un pour et doux plaisir. Au cours, du voyage, nous nous arrêtions pour acheter des provisions, des citrons, des pamplemousses et des légumes. Nous nous en procurions pour nous, mais aussi pour ma sœur Claire, mon amie Nelia, et des proches demeurant à Port-au-Prince.

Arrivés sur notre terre à chalon, nous prenions une pause pendant que le jardinier s'occupait à nous cueillir des cocos et des mangues. Nous nous arrêtions à Des Ruisseaux, pour manger dans un petit restaurant dit des aveugles (pas chair) chez Simone ; la nourriture était toujours bonne. S'y trouvait à tout moment des habitués qui se contentaient de bravader ou de jouer aux cartes, J'observais leur comportement. Jacques, lui participait à leurs conversations. À Miragoâne, le centre-ville était encombré d'individus de tout acabit : des marchands, des acheteurs, des servantes, etc. Tout ce monde parlait très fort. Circulaient des camionnettes et des camions, dans les rues qui étaient trop petites pour les gros camions. Il faisait excessivement chaud. Des marchands installaient leurs articles sur les galeries et dans la rue, et chaque fois qu'un gros camion s'amenait, ils étaient obligés de tout enlever et de le replacer après. Un brouhaha indescriptible !

Au port, étaient mouillés de gros bateaux qui débarquaient des marchandises,

Tout le bruit qui en résultait m'étourdissait. Pourtant, je le recherchais, C'était une sorte de sensation. Je ne pourrais cependant pas entendre ce bruit infernal tous les jours et regarder mes compatriotes vivre ainsi comme des fous. Qui aurait cru qu'il y a 40 ans de cela, c'était une ville paradisiaque. !

Lorsqu'on part de Miragoâne, pour se rendre à Port-au-Prince, le paysage change. Le voyage est plus long, la route étant en terre battue. À bien des passages, elle est complètement cahoteuse et parsemée de gros trous. Le paysage est moins montagneux entre Miragoâne et Petit-Goâve. Sur toute la route, on peut apercevoir des plantations de bananiers, des cocotiers, etc. Passé Petit-Goâve, c'est le morne Tapion autrefois de mauvaise renommée qui était asphalté. Lui et le morne Oranger sur la route des Cayes tenaient le record des accidents mortels dans le sud d'Haïti, sur la Route Nationale en direction sud. Une fois qu'on a descendu le morne Tapion, le paysage s'ouvre sur des plaines jusqu'à Port-au-Prince, dont le quartier Carrefour présente une ambiance qui évoque la ville de Miragoâne. Très fréquemment durant ces longs voyages, on droit réparer deux ou trois crevaisons de pneus ou des pannes mécaniques.

Malgré ces inconvénients, j'aimais voyager, car j'étais à ces moments-là hors de la maison, je pouvais voir des personnes et des réalités différentes du tableau que m'imposait la rue où j'habitais aux Cayes. Un tableau montrant juste des maisons en ciment, une rue poussiéreuse, etc. J'étais moins inquiète aussi pour ma vie.

Quand je séjournais à Port-au-Prince, je me sentais plus proche de ma famille vivant au Canada. La communication téléphonique se faisait plus facilement et je me trouvais à proximité de l'aéroport international, en cas d'urgence.

Voilà le compte de mes voyages durant ces quelques mois passés en Haïti. Le bilan n'est pas fameux, mais, j'ai au moins eu l'occasion de m'évader un peu.

Huitième partie

La proposition de Jacques

Depuis quelques jours, j'éprouvais de la difficulté à écrire, réussissant pas à me concentrer. J'ai effectué plusieurs tentatives, mais c'était peine perdue. D'où un retard important dans la rédaction de mon livre. Cette partie de ma vie que je prévoyais longuement d'écrire est pourtant l'un des plus heureux moments de mon jeune âge. Je me sentais bloquée psychologiquement. Je commençais en outre à éprouver des problèmes avec l'un des neveux de Jacques. Il faisait de mauvais coups, et menaçait de partir, tout en détournant les accusations sur son petit frère. Il en était devenu jaloux, jugeant que le petit Roger était trop bien traité.

Et cela, en dépit du fait qu'il recevait chaque semaine son salaire, et plus d'être bien nourri. Je ne lui faisais plus confiance depuis cet incident sur lequel je reviendrai peut-être. J'estimais n'être plus en sécurité avec lui. Jacques avec qui j'en avais discuté m'avait proposé de lui accorder une ultime chance. S'il ne changeait pas de comportement, il serait congédié Un dimanche, Jacques et moi sommes allés mous détendre à la plage de Gelée. Il savait que j'aimais la plage, que la mer me calmait. C'était le 13 juin 1999. Je ne sais pas ce qui s'est passé dans sa tête ni quel était son vrai plan. Il m'a lancé : Enice, qu'est-ce que tu penses si on construisait une maison sur le terrain que tu possèdes à Chalon ? Ainsi, tu pourrais avoir ta propre maison, tu serais proche de ta famille et on pourrait avoir notre ferme.

Toutes sortes d'idées ont défilé dans ma tête alors que j'écoutais sa proposition, mais, sur le coup, je ne lui ai pas donné de réponse, Sa suggestion me paraissait n raisonnable : je vivrais dans la paix de la nature ; je n'aurais plus cette jeune fille pour m'embêter ; je serais plus près de Port-au-Prince pour parler à mes enfants ou prendre l'avion en direction de Montréal quand j'aurais eu le cafard. Mais en même temps, je m'imaginais que Jacques sera plus libre de poursuivre son aventure sexuelle avec la jeune fille Cayenne. Mais j'ai chassé bien vite cette dernière idée de mon esprit, concluant que je devais penser à moi d'abord.

Quelques jours plus tard, je lui ai annoncé que l'accepte le projet, à la condition que je supervise à la construction avec lui. Il était d'accord. Il m'a signifié que le soir même, nous commencerions à tracer le plan de la maison. Il se montrait gentil et prévenant avec moi. Il cachait peut-être son jeu, mais je calculais qu'au au moins je ne dépenserais pas tout cet argent en vain.

Le plan de la maison

Nous avons travaillé sur des ébauches sur plan de la maison jusqu'à une heure fort avancé de la nuit. Puis nous avons estimé que nous devions nous rendre sur le terrain même en vue de prendre les mesures exactes. La date fixée pour ce tour à Miragoâne était le 17 juin 1999 C'était déjà un début. La communication était depuis ce soir- là plus facile entre Jacques et moi. Il paraissait plus détendu et se montrait plus attentif envers moi. Nous avons passé une bonne semaine. Il me manifestait beaucoup d'amour et était plus tendre avec moi. Il ne sortait plus chaque soir comme il l'avait fait auparavant.

Neuvième partie

Les mesures et informations collectées à Miragoâne

À notre arrivée sur les lieux, nous avons fait part de notre projet au gardien du terrain. Nous nous sommes ensuite mis à prendre des mesures relatives à grandeur et à la largeur de la maison principale, ainsi que de celles des servants et des garçons de cour, de la cuisine et de l'entrepôt. De même qu'un espace où le gardien construirait lui-même sa petite maison. Sur ce qui resterait du terrain, nous envisagions de construire une grande ferme avec une écurie. Parce que j'aime les chevaux. Mon rêve a toujours été de posséder un ranch un jour. J'ai toujours été fasciné par les chevaux. Quand je suis en présence d'un cheval, je me sens en sécurité ; en même temps, je ressens une douce paix intérieure.

À Montréal. Chaque année, mon fils et sa femme Yole m'emmenait à un ranch. Ma belle-fille, elle, monte à cheval, ; mais moi, je flatte ces gracieux animaux et les regarde marcher et galoper. En même temps j'aide mes petits-enfants à aller à cheval en tenant la bride des bêtes les faire trotiner.

Je continue mon récit sur le terrain à Chalon

Nous sommes restés toute la journée sur le terrain. Ce contact avec nature m'a fait du bien. Je suis passée saluer ma sœur et son mari. Je leur ai faits à part de ma décision de construire. Ils m'en ont félicité. Mais, ils restaient méfiants envers Jacques. J'avais le pressentiment que ma sœur Claire tenait à me parler. Je le devinais dans ses yeux. Je l'entendais me presque me prévenir : Nounoune, fais attention, n'aie pas confiance en lui. Mais je ne voulais surtout pas l'écouter. J'étais comme perdue, je refusais d'entendre et de voir. Je suis ensuite allée chez mon amie Nelia. Elle était contente d'apprendre la nouvelle au sujet du projet de construction. Elle nous a offert de venir coucher chez elle les jours où nous viendrions à Miragoâne pour l'exécution des travaux. Vu qu'il était tard, elle nous a invités à dormir ce soir-là. Le lendemain, le 19 juin, nous sommes repartis pour les Cayes.

Voici ce que j'ai écrit cette journée-là.

19 juin 1999

Ce matin, nous sommes de retour de Miragoâne de très tôt.

Nous sommes passés chercher les gars pour les ramener à la maison. Après nous avoir déposés, Jacques a prétendu qu'il s'en allait faire des commissions. Par hasard, je suis sortie sur la galerie et je l'ai vu stationner sa voiture devant de la maison de la jeune fille. Elle est sortie lui parler et il lui a remis quelque chose. M'ayant aperçue, elle a esquissé une moue de fierté, tout en me fixant d'un air moqueur. J'ai fait semblant n'avoir rien remarqué et je suis rentrée à l'intérieur.

Si Jacques avait compris combien il me blessait en agissant ainsi ! Moi seule sais à quel point j'ai souffert. Et surtout, j'ai tout gardé dans mon cœur. Et la façon dont il m'a répondu quand je lui ai parlé de l'incident. Il m'a fait toute une scène. Après tout ce que j'avais fait pour lui, il aurait dû manifester un peu de respect à mon égard. Il m'a même soutenu qu'il n'avait pas noté ma présence sur la galerie et que de toute façon ce n'était rien. C'était juste que la jeune fille sollicitait un peu d'l'argent.

Je continue mon récit

À la suite de cette dispute, je ne voulais plus construire. Puis j'ai jugé que ce serait mieux aussi, nous aurions la solution à tous ces problèmes.

Nous étions au 24 juin, la fête de Saint-Jean-Baptiste, le saint patron des Miragoânais. Je ne suis pas allée à Miragoâne pour l'événement, mais j'ai prié Saint-Jean-Baptiste pour ma famille de Montréal, et mes amis de Miragaoâne. J'ai aussi pensé à ceux qui sont décédés. J'ai profité du reste de la journée pour écrire sur une partie de mon passé, ma vie chez les religieuses à Miragoâne. Je me suis sentie heureuse d'écrire cette partie de ma vie. Je ne voulais pas en terminer, le récit. Je m'y suis attardée. Je me sentais bien.

Vers la fin du mois de juin, plus précisément le 29, nous sommes rentrés à Port-au-Prince avec tous les garçons, parce que Jacques devait régler un contrat d'électricité la maison de Laboule. Il attendait aussi attendait une livraison de marchandise de même que reste de mes affaires provenant de Montréal. J'étais contente d'aller à la capitale, parce que j'aime cet environnement. Je m'y plais beaucoup. Je peux écrire en paix à l'extérieur, bien assise sous des manguiers.

Ce voyage, en Haïti, fut pour moi une aventure et une découverte. J'aime les aventures et j'aime rêver. Alors, j'étais toujours en pleine action. J'ai à la longue noté que je tombe toujours sans m'attendre dans des péripéties qui me procurent des émotions fortes chaque fois que je risque l'inconnu !

Dixième partie

Le quartier La Boule à Port-au-Prince

Mon journal

29 juin 1999 — journal

Je suis arrivée à Port-au-Prince hier avec Jacques, son neveu et le petit Roger. Jacques doit refaire l'électricité de la maison à La Boule. C'est une très grande maison. L'intérieur me porte à penser à la maison que j'ai toujours rêvée. Cela me fait du bien de venir ici. Pour le moment je m'installe sur la terrasse en vue d'écrire. Il fait beau, le ciel est bleu. La maison est perchée sur la montagne. Je respire bien. Je n'ai pas l'impression que je suis à Port-au-Prince. C'est tellement beau. Il y a beaucoup d'arbres dans les environs, et de grosses maisons. Je suis contente d'être d'ici. Je ne sais pas pour combien de temps nous allons y rester ? Je vais de toute façon en profiter pour écrire une partie de mon livre et respirer l'air pur.

Je continue mon récit

Durant mon séjour à La Boule, je ne pense à rien d'autre qu'a d'écrire mes mémoires. Chaque matin après le déjeuner, je vais m'asseoir à l'extérieur sur l'un des perrons de la terrasse, sous un manguier pour écrire. Je commence toujours par ma prière du matin, après quoi, je me mets au travail. Je fais une pause à midi pour diner et je reprends vers 14 heures jusqu'à 17 heures 30. Entre les séances d'écriture, je marche quelques minutes pour dégourdir mes jambes et oxygéner mon cerveau.

Je ne prête pas attention à Jacques. De leur côté, les jeunes savent qu'ils doivent préparer la nourriture et prêter assistance à Jacques. Je ne suis pas dans leur monde. Quand j'écris, je suis ailleurs dans le passé. Certaines journées, je vais visiter la famille à Port-au-Prince. On achète des matériaux et on fait l'épicerie avec Jacques. Nous séjournons deux semaines à La Boule. Vers le 15 juillet, nous repartons aux Cayes avec la marchandise et les meubles arrivés de Montréal.

Pendant quelques jours, tout va presque bien avec Jacques. Il sort moins souvent. Il faut signaler que nous nous près occupons de vendre la marchandise reçue afin de commencer la construction de la maison. Nous nous soucions également de la vente de mes terrains.

Je continue mon récit

Durant deux jours, j'ai complètement ignoré Jacques. J'éprouvais du dégoût à son égard. Je me consacrais à l'écriture et à la lecture. Il s'évertuait, de son côté, d'être gentil avec moi et il ne sortait pas. J'ai fini par lui parler. Il m'a fait savoir que je ne devais pas m'en faire avec cette histoire de la jeune fille ; s'il lui avait donné de l'argent, c'était pour qu'elle ne lui nuise pas et ne me fasse pas de mal. C'était pour me protéger qu'il agissait ainsi. Nous nous sommes réconciliés. J'ai accepté de faire l'amour avec lui. Le lendemain, le 24, une petite fille est venue sonner chez nous ; elle demandait à voir Jacques. Sa jeune maîtresse désirait qu'il lui envoie de l'eau. Mais là, je ne l'ai pas pris. J'ai aussitôt crié à Jacques : « je pense que tu n'as pas le choix d'aller vivre avec elle, parce que je ne peux plus vivre avec toi ici. Tout compte fait, je pars retrouver mes enfants. Il a soutenu que la jeune cayenne avait agi de façon délibérer en vue de nous provoquer, lui et moi. Nous devions à tout prix éviter de nous laisser prendre son jeu. Il m'a promis que nous partirions pour Miragoâne la semaine suivante, afin de commencer la construction de la maison. Ainsi, elle serait bien contrainte de nous ficher la paix !

Jacques avait besoin de moi. Sans moi, pas de construction de maison, puis qu'il ne lui restait plus d'argent. Le projet ne pouvait être réalisé qu'avec le montant de la vente des terrains. Pour me retenir, j'exigeais qu'il change tout à fait de comportement. Le respect de sa part n'était plus négociable, lui ai-je enfin intimé.

Chapitre 10

Construction de la maison en Haïti

Première partie

La mise en chantier de la maison à Chalon

Le dimanche 1er août 1999, nous avons fermé la maison et nous sommes partis pour une semaine à Miragoâne. Afin d'entamer les travaux de construction. Nous apportions des outils, une génératrice, un malaxeur à béton que nous avions achetés à Port-au-Prince.

Également une remorque pour acheminer des accessoires, du fer, et du ciment. J'avais pris soin de préparer de cahiers et des feuilles de comptabilité et de paies, ainsi que des horaires. Tout était donc bien planifié et organisé. Cette fois-ci, nous avions emmené le petit Roger de même que les deux jeunes garçons. Ceux-ci pourraient nous prêter main-forte. Pour compléter la main-d'œuvre, nous avons aussi engagé des travailleurs sur place.

Le lundi e août 1999, nous avons d'abord pris mesures pour les fondations, après quoi nous avons commencé à faire creuser celles-ci. Vu qu'aucune conduite d'eau n'était disponible, Jacques a réalisé tous les préparatifs nécessaires pour que le terrain et ses abords aient accès à l'eau. Ces opérations ont pris toute la journée. Les voisins en ont grandement félicité Jacques Les travaux s'étalaient sur 8 heures par jour du lundi au vendredi à midi. Les ouvriers, nourris sur place, étaient payés à l'heure. Le vendredi midi, après avoir distribué les salaires aux travailleurs, entreposé les matériaux et les outils chez mon amie Nélia, nous entrions chez nous aux Cayes. Nous disposions donc seulement de deux jours pour le ménage, le lavage, etc. Et repartir de très tôt le lundi ou le mardi le matin.

De cette façon, la construction allait bon train. En trois semaines, nous avons fait creuser les fondations, couler le béton, placer l'équipement métallique pour les poteaux, etc. L'étape suivante consistait à faire poser les blocs. Nous avons déjà fait creuser la fosse septique.

Il me restait alors très peu de temps pour écrire, mais j'y pensais presque constamment.

Voici ce que j'ai écrit entre-temps dans mon journal.

21 août 1999 — journal

Aujourd'hui, c'est le 21 août 1999. Je n'ai pas écrit depuis deux semaines à cause du temps consacré à la construction.

Aujourd'hui, Addedy la fille de tante Dédia se marie à New York. Je pense beaucoup à elle. J'avais demandé à ma fille d'y aller pour me représenter. Je dois rentrer à Montréal le 17 septembre, j'irai ensuite les visiter à New York en arrivant.

Je dois terminer mon livre ; il me faut en reprendre l'écriture si je veux le terminer pour septembre. Je profite de cet après-midi pour en poursuivre la rédaction.

24 août 1999 — journal

J'ai parlé à Natatsha ce matin, au téléphone. Elle m'a signalé qu'elle venait juste de revenir de New York à la suite du mariage d'Addely. Elle avait l'air satisfaite. Nous n'avons pas parlé longtemps. Je me sens triste aujourd'hui, je pense aux enfants, au mariage et à toute la famille, mais ça va, je me résigne. J'ai le cœur gros parce que malgré tous les sacrifices que j'ai consentis, j'ai la forte impression que Jacques et la jeune fille concorde un plan. Je suis sûr que je finirai par le connaître grâce à Dieu.

Je ne dis rien, je le laisse faire. En attendant je tente de deviner ce ce qu'il a dans la tête. Pour ma part, j'ai un bu bien déterminé et je dois l'atteindre.

Nous avons passé la fin du mois d'août et le début de septembre à faire le va-et-vient Miragoâne-Cayes pour la construction. J'étais épuisée, j'avais hâte de retourner rentrer à Montréal vers le 3 septembre. Nous sommes rentrés à Port-au-Prince faire une réservation de départ pour le 17 septembre 1999. Je suis allée rendre visite à mon frère Alain, revenu habiter en Haïti depuis quelque temps. Il m'a annoncé savoir que ma sœur Irène lui avait appris que mon frère Robert était malade à Montréal. La nouvelle m'a fortement troublée ; j'aime beaucoup mon petit frère et je le considère comme un ami. J'ignorais pourquoi, depuis quelques jours, j'éprouvais de la difficulté à dormir. Je ressentais sa maladie sans le savoir encore. L'information me confirmait dans mon projet de voyage à Montréal.

Dans l'intervalle, je négligeais la rédaction de mon livre. Je ne parvenais pas à me concentrer, la construction m'ayant complètement épuisée. Je me suis au bout du compte fait à l'idée que je ne pourrais pas terminer le livre avant mon départ pour Montréal.

Nous avons passé quatre jours à Port-au-Prince. Au moment de notre départ pour les Cayes, le 6 septembre 1999, j'ai reçu une bonne nouvelle de ma fille, je l'ai écrit dans mon journal. Voici ce que dans la circonstance, j'ai écrit.

Journal

7 septembre 1999

Hier matin, le 6 septembre, j'étais encore à Port-au-Prince.

L'idée m'est venue de téléphoner à ma fille Natatsha pour lui faire part de notre arrivée le 17 septembre à Montréal. C'est alors qu'elle m'a annoncé la bonne nouvelle : la naissance de l'enfant de Max et Yole, un petit garçon. Il est né le 5 septembre à 10 heures du matin. J'étais ravie de cette bonne nouvelle. Je ressentais la joie de Max. J'avais hâte d'être là-bas pour admirer ce petit bonhomme de 6 livres. C'était merveilleux. J'étais grand-mère une troisième fois. J'ai remercié Dieu pour cette grâce.

Deuxième Partie

Nous préparons nos bagages

Nous sommes donc retournés aux Cayes faire nos bagages, fermer la maison et recommander au gardien de bien surveiller les matériaux sur le terrain.

Vers le 14 septembre, nous sommes montés à Port-au-Prince afin de nous envoler pour Montréal. Je n'ai jamais eu autant hâte de partir, et ce, pour plusieurs raisons. Pour mon petit-fils, et sa famille, pour voir ma fille et ses enfants, ma sœur et mon frère, et aussi pour aller consulter mon médecin au sujet de ma santé, et pour me reposer. Ma déception était grande de ne pas avoir terminé mon livre, mais j'étais bien déterminée à le faire.

Trois jours avant mon départ pour le Canada, j'ai une assez grave diarrhée. Je me sentais très faible. J'avais hâte de me retrouver à Montréal auprès des miens. Nous avons pris l'avion le 17 septembre 1999. Cette fois-ci, c'était pour un séjour de trois semaines et pas plus.

Troisième Partie

Un court séjour à Montréal et retour en Haïti

À mon arrivée à Montréal, j'étais encore plus malade. Je souffrais encore de la diarrhée. Au point que le lendemain matin, je pouvais à peine marcher. Je me suis présentée à la clinique la plus proche. Le médecin de garde a prescrit un médicament qui m'a beaucoup aidée. Deux jours plus tard, j'étais en pleine forme. Après mon bref séjour à Montréal, voici ce que j'ai écrit dans mon journal à mon retour en Haïti.

Mon séjour à Montréal

15 octobre 1999 — journal

Il est 17 heures, je suis assise sur une chaise dans notre boutique aux Cayes. Je suis revenue de Montréal depuis trois jours. Nous y avons passé près d'un mois. Les enfants étaient contents de nous voir. Moi aussi, j'étais heureuse de retrouver toute ma petite famille. Je tenu dans mes bras le bébé de mon fils Max, un beau petit garçon. On aurait dit que Max l'avait dessiné, tellement il était beau. Je l'ai béni, et j'ai remercié Dieu pour toutes ces belles choses qu'il faisait pour moi.

J'étais satisfaite de mon séjour au Canada. Je me suis réconciliée avec ma sœur Irène, tout va maintenant bien entre elle et moi. Jacques et moi avons passé ces quelques semaines chez ma fille Natatsha avec nos petits-enfants. Je suis heureuse que, Jacques et Patrick, le mari de ma fille se soient accordés. Les petits-enfants ont appris à connaître leur grand-père. Il est vrai que le séjour s'est par ailleurs révélé très épuisant. Je n'ai pas eu le temps de me reposer, pas même une minute. On devait acheter des matériaux et des provisions à expédier par conteneur. Nous avons mis les petits matériaux dans nos valises. Nous étions à bout, surtout moi. J'avais de la fièvre et une grippe. Cette fois-ci, Jacques est rentré en Haïti deux jours avant moi. J'en ai profité pour prendre une petite pause.

Je suis partie de Montréal le 12 octobre. Je suis arrivée très tôt en Haïti, soit à 9 heures 30 du matin. Jacques était venu me chercher à l'aéroport. Nous sommes descendus le même jour aux Cayes. J'avais mal au dos.

Cette fois-ci, ce fut difficile pour moi de laisser la famille au Canada. J'ai pleuré et si je m'étais écoutée, je serais resté à Montréal. J'avais le cœur triste, mais je savais que tous les miens se portaient bien. Et moi, j'avais Jacques qui m'attendait en Haïti. De plus, je devais continuer la réalisation de mon plan d'écriture et du projet de construction.

Je continue mon récit.

Nous avons placé la marchandise rapportée de Montréal, sur les étagères de la boutique. C'était un dimanche, une journée calme, notre petit commerce étant : J'ai alors beaucoup pensé à ma famille de Montréal. J'apercevais que le temps avançait au ralenti.

Au début, de la semaine, Bien des clients sont venus acheter parce que nous déballions de nouvelles marchandises. Mais par la suite, nous n'avons pas vendu grand-chose. J'avais l'impression que le commerce ne marchait pas aussi bien qu'avant. Les gens venaient surtout par simple curiosité, n'ayant pas d'argent pour acheter. Fort heureusement, nous ne comptions pas sur ces rentrées pour vivre et poursuivre la construction la maison.

Je commençais à trouver la ville des Cayes ennuyante.

J'avais hâte de retourner à Miragoâne. J'en ai alors discuté avec Jacques. Il m'a assuré, dès la semaine suivante, nous reprendrions le projet de construction et que nous revendrions d'autres terrains, puisqu'il ne manquait pas d'acheteurs potentiels.

Peu de temps après cet échange, Jacques s'est remis à me mettre mal à l'aise. Il cherchait manifestement la petite bête. Il trouvait que j'étais trop calme ; même s'il faisait des bêtises, je ne m'en occupais pas. Il ne s'énervait pour rien. Au point qu'un jour, il provoque une dispute avec moi. Ce fut très orageux. On ne s'est pas parlé durant deux jours. J'en ai profité pour faire de la lecture. Je savais qu'il n'aimait pas que je le fasse. Il exprimait ainsi son irritation : Quand tu lis, on dirait que je m'existe plus. Alors, il observait le silence. De mon côté, je pensais en même temps aux miens vivant à Montréal.

Pendant plusieurs jours, nous n'avons pas quitté les Cayes, parce que, la transmission de la camionnette était défectueuse.

Jacques refusait de la faire réparer par quelqu'un d'autre que lui-même.

Voici ce que j'ai écrit dans mon journal

16 novembre 1999 — journal

Les fêtes arrivent bientôt. Je suis encore en Haïti avec Jacques. Mais je pense beaucoup à mes enfants, à mes petits-enfants, à ma sœur et aussi à mon frère Robert qui sont là-bas. Mais je ne peux pas être à deux endroits en même temps. J'ai fait un choix de rester. Mais mon corps est en Haïti, cependant mon esprit est à Montréal. Je ne sais pas si c'est à cause de tout cela que, ces jours-ci, j'ai grossi. Je me console dans la nourriture. Je sais que je dois arrêter de trop manger, mais je n'ai pas la volonté de le faire. Je sais que doit fournir un effort, sinon, ma santé va en prendre un coup.

Depuis quelques jours, j'ai une baisse d'énergie. Je ne sais pas d'où cela vient. Je ne me suis pas remis à l'écriture de mes mémoires depuis mon retour de Montréal. Je sais que je dois le faire, mais je manque d'enthousiasme. Je n'y comprends rien. Je sais que cela va passer. Par moments, je n'ai envie de rien faire. J'espère que je ne recommence pas une dépression. Mais non, Enice, oublie cela ! Depuis trois jours Jacques répare la transmission de sa camionnette. Roger, le petit domestique, et moi lui donnons un peu d'aide. Il a pu terminer aujourd'hui après beaucoup de difficultés, de misères et de fatigue, et de toutes sortes de complication.

Je continue mon récit

Il faut peut-être préciser que ce n'est pas par manque d'argent que Jacques a voulu réparer lui-même son véhicule. Il m'a confié qu'il tenait à en examiner l'intérieur et à tester en même temps ce qui pourrait lui faire peur. Parce qu'il n'a jamais eu peur de rien ni de personne. Et aussi parce qu'il ne craint jamais d'avoir peur.

Nous avons repris notre petite vie tranquillement, avec les hauts et les bas de la vie de couple. Jusqu'à ce qu'un matin, j'ai eu au téléphone ma fille Natatsha qui m'annonçait une terrible nouvelle. Depuis quelques jours, je ne cessais de faire des cauchemars épouvantables.

Je confiais à Jacques, mon pressentiment que les choses n'allaient pas bien à Montréal. Il me répondait que j'étais trop superstitieuse.

Le dimanche 30 novembre 1999 — journal

Il est 2 heures du matin. Je n'arrive pas à dormir. Ma fille m'a appelé à 11 heures 30 pour m'annoncer que la maison de ma sœur Irène a pris feu et que mon frère Robert est hospitalisé, qu'il a eu des brûlures sur presque tout corps. Ayant eu un violent choc. J'éprouvais de la peine pour eux. Je connais bien ma sœur. Elle panique souvent pour les autres alors, et c'est à elle que cela arrive à elle. Elle doit être dans tous ses états.

Je ne sais pas quoi faire. Est-ce que je dois partir à Montréal ?

Tout de suite, je me sens perdue. Je pense beaucoup à eux. Je sais que je devrais être près d'eux. J'ai beaucoup de peine. Je dois me rendre à Port-au-Prince à 4 heures du matin. En arrivant là-bas, j'aurai beaucoup plus de nouvelles. Ensuite, je saurai quoi faire.

Je continue le récit au sujet de l'incendie

Au moment j'ai annoncé la nouvelle de l'incendie de la maison de ma sœur Irène à Jacques, je l'observais du coin de l'oïl.

Il a esquissé un sourire furtif, avant de donner son opinion, tout en faisant semblant d'être surpris. Sur le coup, ne m'en suis pas formalisée. Je lui ai indiqué mon intention d'aller les voir à Montréal. « Après avoir parlé à ta sœur, tu verras si oui ou non tu dois y aller, m'a-t-il alors suggéré

Depuis un mois, je n'ai pas de servante. Je fais tout à la maison avec l'assistance du petit Roger. Ici, c'est très difficile de trouver une personne apte à travailler comme servante et digne de confiance.

Une partie dans mon journal

15 décembre 1999 — journal

Aujourd'hui le 15 décembre 1999, je pense beaucoup à l'accident que Jacques a eu le 16 décembre 1996. Je ne sais pas pourquoi. Je me rappelle que quand l'accident a eu lieu, je le croyais mort. Je pense que le bon Dieu lui a donné une autre chance. Pour moi, c'était un vrai miracle. J'espérais qu'il changerait de comportement. Non, il est devenu encore plus têtu et plus méchant à mon égard. Chaque fois que je regarde son bras accidenté, je le revois se défiler. Jacques est un homme obstiné. Il n'en fait toujours qu'à sa tête. Selon moi il faut aussi écouter les autres de temps à autre.

Je continue mon récit

À la suite de l'incendie, ma sœur Irène a envoyé mon frère Robert passer quelques temps en Haïti. Il est à Port-au-Prince chez mon frère Alain depuis un mois. Je suis allée le voir. Je l'ai trouvé malade. Je sais quand il ne va pas bien. J'en ai parlé à Alain. Je lui ai recommandé de l'emmener chez le médecin. Ma sœur Irène lui avait d'ailleurs envoyé de l'argent dans cette intention.

Je suis à Port-au-Prince depuis 5 jours. Vu que je ne pars plus pour Montréal, j'ai hâte de retourner aux Cayes pour me retrouver dans mes affaires. La semaine avant Noël, je suis habituellement joyeuse, puis que c'est une fête que j'aime. Mais je sens déjà que cette année, ça va être calme. Je resterai à la maison avec Jacques et le petit Roger.

Je ne sais pas où je vais passer le jour de l'an, à Montréal ou en Haïti. Je remets tout entre les mains de Dieu. Depuis mon retour de Montréal, je n'écris plus dans mon manuscrit. Je ressens un sentiment de désolation.

Journal - *20 décembre 1999*

Je suis seule dans la boutique aux Cayes. Jacques est sorti.

Ces jours-ci, je me sens très fatiguée parce que je n'ai toujours pas de servante depuis un mois et demi. Je n'ai pas beaucoup de temps à moi. Je dois préparer la nourriture, m'occuper de la maison et de la boutique, bien que le petit Roger m'aide un peu. Je trouve tout cela difficile.

Ici en Haïti les choses ne se passent pas comme à Montréal.

Tout est beaucoup moins modernisé et se réalise moins vite. Il se peut que j'aie une servante cette semaine avant Noël. Elle est venue hier passer une entrevue. J'ai trouvé qu'elle avait l'air d'une bonne personne. De toute façon, cette semaine avant Noël, j'en ai besoin.

Ces jours-ci, je pense à mes enfants et à mes petits-enfants, ainsi qu'à ma sœur. Je souffre grandement de cette situation. Je pense beaucoup à Montréal, parce que, Noël là-bas c'est une belle fête. Mais en Haïti, c'est comme si j'étais dans un trou perdu. Le téléphone ne fonctionne pas. C'est trop tranquille, Noël, ici. Je reconnais qu'en fin de compte, il me revient de faire quelque chose pour rendre joyeux cette fête de Noël. J'y pense sérieusement. C'est moi qui dois créer mon bonheur.

Quatrième Partie

Noël 1999 en Haïti

Vu que j'avais maintenant une servante, il me devenait plus facile de planifier la veille de Noël et la suite. Pour un temps, nous avons suspendu la construction de la maison. J'ai organisé des ventes au rabais, des loteries et bien d'autres activités que la population ne connaissait pas. Nous avons fait de bonnes affaires, les clients étaient satisfaits et je n'avais pas le temps de m'ennuyer.

Dans l'intervalle, j'avais établi pour le 17 janvier 2000 notre prochain voyage à Montréal. Jacques ne voulait pas du tout y aller passer les fêtes. Nous avons connu un Noël tranquille aux Cayes.

La servante avait préparé un bon souper pour la circonstance. Je n'ai pas pu communiquer avec mes enfants. Nous approchions inéluctablement de la veille du millénaire, l'année 2000. Nous sommes restés à la maison alors que selon l'écho des médias, c'était la panique totale dans le pays. Je ne parlais pas beaucoup. Je concentrais ma pensée sur mes enfants et mes petits-enfants. En mon for intérieures, dans mon cœur et dans ma tête, j'étais absente.

J'apprends toutefois un fait vraiment intéressant. On m'informe que l'épouse du cousin de Jacques a établi une belle tradition : chaque jour de l'an, elle sert de la soupe aux pauvres et aux gens qui en veulent dans le quartier. Elle fait préparer la soupe dans son garage par des femmes dans de grands chaudrons durant toute la nuit de la veille du jour de l'an. Le lendemain, elle donne un bol de soupe et un petit pain à chaque personne.

À ce sujet, me souviens bien que la veille du jour de l'an, je suis allée à la messe. À mon retour, cette dame m'a offert un grand bol de soupe à partager avec les miens. Cette nuit-là, nous sommes restés éveillés pour voir naître le nouveau siècle. Vers 2 heures du matin, nous avons bu la soupe après qui nous sommes allés nous coucher.

C'est ainsi que j'ai passé cette veille particulière du jour de l'an. Pas de champagne, pas de vin. J'étais très triste cette nuit-là.

Je suis sortie sur la galerie. J'ai regardé le ciel en pensant aux membres de ma famille au Canada. J'ai eu une pensée spéciale pour chacun d'eux.

Le nouveau siècle

Jour de l'an 2000

Le jour de l'an, nous avons reçu de la famille de Jacques et la mère du petit Roger est venue chercher de l'argent. Elle nous a annoncé qu'un de ses fils était malade. En Haïti, quand des citoyens ont besoin d'argent, ils peuvent raconter n'importe quoi pour en obtenir.

Au début, je croyais à toutes leurs histoires, même si Jacques me mettait en garde. Au fil des jours, j'ai réussi à découvrir leurs mensonges. Malgré tout, je continuais à leur prêter assistance.

Journal - janvier 2000

Depuis que la nouvelle année a commencé, je n'ai rien écrit.

Pourtant, j'avais beaucoup de choses à raconter, mais mon cœur n'y tenait pas. J'avais trop de peine. Jacques avait quand même noté le sacrifice que j'avais fait pour rester à ses côtés en Haïti durant le temps des fêtes. Il a fait son possible pour être aimable avec moi.

Depuis quelque temps j'éprouvais des douleurs au côté gauche de l'omoplate et au bras et au thorax. Au cours de mon voyage à Montréal, j'irai pour consulter mon médecin à ce sujet.

J'ai passé Noël et le jour de l'an en Haïti sans pouvoir parler au téléphone avec mes enfants parce qu'il n'y avait pas de communication. C'est très courant en Haïti.

Si je suis restée en Haïti, ce n'est pas parce que cela me plaît, c'est à cause de Jacques. C'est lui qui aime vivre en Haïti. Je ne sais plus quoi faire, je me sens fortement troublée.

La construction se poursuit à Chalon. Je pense que cela ira mieux quand j'aurai ma propre maison. En fait, je ne sais plus.

Enfin, j'ai pu communiquer avec **Natatsha**. Notre voyage à Montréal est confirmé pour le 17 janvier. Je suis contente à l'idée de partir. Nous resterons là-bas trois semaines ou un peu plus.

Je continue mon récit

Deux semaines avant notre départ pour Montréal, je n'ai pas préparé grand-chose. Je suis allée voir la famille et mon amie Nelia à Miragoâne, et vérifier si tout va bien sur le terrain et dans la construction de la maison.

Depuis la fin des fêtes, la vie en Haïti n'avait pour moi plus de sens. Elle était devenue une plate routine. Je ressentais beaucoup d'angoisse. J'avais décidément hâte de rentrer à Montréal, d'autant plus que mon état de santé m'inquiétait. J'étais comme une petite enfant. Je comptais les jours précédant de mon départ.

Cinquième partie

Mon séjour à Montréal

Janvier 2000

Je suis heureuse de me retrouver à Montréal malgré l'hiver. Il y fait très froid, mais je m'y sens très bien parce qu'ici il y a bien moins de microbes qu'en Haïti. Je suis avec ma famille. Je vois du monde et il est toujours plus facile de communiquer.

Je suis allée visiter ma sœur Irène, le lendemain de mon arrivée. Elle était contente de me voir. En attendant que sa maison soit réparée, elle habitait chez son ancien locataire Jacobi, qui habite, Jacobi, dans le cartier d'Outremont.

Elle était bien installée chez lui. J'ai signalé à Irène que mon frère Robert ne se portait pas bien du tout en Haïti, qu'il ne pourrait pas y rester trop longtemps. Je lui ai proposé de le ramener à Montréal dès mon prochain voyage au Canada. Elle était d'accord avec moi.

Jacques et moi sommes allés voir notre médecin. Il nous a envoyés faire des tests pour déterminer notre état de santé.

Heureusement pour moi, ma situation médicale n'était pas très grave. Le praticien a constaté que j'avais une tendinite au bras gauche. Mais Jacques, lui, n'avait pas obtenu ses résultats. Il devait les recevoir dans un mois.

Jacques m'a déclaré savoir qu'il ne pourrait pas demeurer aussi longtemps à Montréal, d'abord à cause de la très froide de température. Mais aussi parce que Érick, l'ami de Montréal dont il rénovait la maison en Haïti, comptait rentrer au Pays en même temps que lui pour examiner l'état des travaux. Or Jacques, de son côté, n'avait pas terminé le remplissage d'un conteneur destiné à Haïti.

Une journée avant son départ pour Haïti, mon mari avait loué un camion en vue de transporter des marchandises et des matériaux dans le conteneur. À son arrivée, il trouve le conteneur fermé à clef.

Il était 22 heures. Le propriétaire du conteneur était déjà parti. Jacques m'a alors demandé de rester à Montréal pour tout régler le lendemain. Il devait prendre l'avion à 5 heures 30 du matin. À 3 heures du matin, je l'ai conduit à l'aéroport Mirabel. Il était très nerveux et ne cessait de me crier après, sans se soucier des gens qui nous observaient. À mon retour de l'aéroport, vu que le camion était lourdement chargé, j'ai demandé à mon beau-fils Patrick, de conduire lui-même l'imposant véhicule jusqu'au conteneur. Ce qu'il a fait. De mon côté, J'ai pris son auto pour le suivre.

À notre arrivé au débarcadère, le propriétaire ne s'y trouvait pas encore. Il était 8 heures 30 du matin. Je suis montée attendre dans le camion jusqu'à midi. J'ai réussi à dénicher un employé qui m'a aidée à tout placer dans le conteneur. J'ai conduit ensuite moi-même le camion pour le ramener au bureau de location de la rue Pie IX, au coin des Grandes-Prairies. Il était alors 2 heures de l'après-midi. J'ai pris l'autobus pour me rendre chez ma fille à la rue Clarke près de la rue Crémazie. J'y suis arrivée à 4 heures de l'après-midi, très épuisée d'une si dure journée. L'expérience m'a portée vraiment à réfléchir. J'étais en fait furieuse, surtout à cause de la façon dont Jacques m'avait traitée à l'aéroport.

Durant les deux semaines où je suis restée seule à Montréal, j'en ai profité pour me reposer et prendre soin de moi. Je me sentais bien. J'ai aidé ma sœur à réaménager sa maison. J'étais heureuse d'être avec ma famille en gardant hors de ma pensée ce qui m'attendait en Haïti. J'étais aux anges, en joie. Mais physiquement, je ne me sentais pas en forme.

Voici une partie de mon journal.

Mars 2007

Depuis un mois, je n'ai pas pu écrire. Je n'en avais pas envie et pourtant, j'en avais tellement à dire. Depuis le départ de Jacques pour Haïti, je me sens libérée. Libérer de cet homme qui prend toute mon énergie.

Je me souviens que quand les enfants étaient jeunes et que nous habitions en famille, c'est comme si j'avais trois enfants dont jr devais prendre soin. Il m'en demandait, à dire vrai, beaucoup plus que les enfants. Lorsqu'il n'est pas là, j'en profite pleinement pour reposer mon esprit et mon corps. Vu qu'il n'a pas voulu prolonger son séjour pour ses résultats médicaux, je suis obligée de me présenter au rendez-vous à sa place pour obtenir ses prescriptions. Le médecin m'a prévenue que la prochaine fois, c'est lui qui doit venir à ses rendez-vous. Il m'a donné les prescriptions parce que Jacques est diabétique, sinon il ne l'aurait pas fait.

Depuis quelques jours, je pense à tout ce que j'aurai à faire à mon retour en Haït. Ma priorité sera de terminer la rédaction du livre le plus vite possible. J'ai beaucoup réfléchi sur ma façon de vivre en Haïti et sur le comportement de Jacques. Je n'ai plus envie de construire la maison. Je crains qu'après l'avoir fait, Jacques devienne plus agressif et me cause d'autres misères. Je n'ai pas besoin de tout cela. Il est très imprévisible. Quand il a besoin de quelque chose de moi, il est très gentil envers moi. Après quelque temps, il change. Ce que je veux, c'est terminer mon livre, rentrer à Montréal pour le publier. Ensuite avoir un très bel appartement propre, prendre soin de moi, me gâter un peu, m'aimer. J'aimerais aussi qu'on m'aime. Je ne veux plus vivre en Haïti. C'est trop dur pour moi en Haïti, actuellement. Je ne m'y habituerai pas. Mais pour le moment, que faire d'autre ! J'attends.

Quant aux terrains qui restent à vendre, j'aimerais faire autres choses avec l'argent que j'en tirerait. Je prie Dieu de me faire voir clair et de me guider dans mes prises de décisions.

À mon arrivée en Haïti, je parlerai de tout cela avec Jacques.

Je vais l'informer que j'accepte de vivre avec lui, mais qu'il faut qu'en premier lieu, je termine mon livre, ce qui est très important pour moi. Et que ce n'est plus en Haïti que je veux vivre. Je sais qu'il ne va pas aimer cela. Je ne le lui annoncerai tout de suite, mais graduellement. J'y pense beaucoup.

Sixième partie

J'arrive seule Haïti

La date de mon retour en Haïti était prévue pour le 5 avril 2000. J'avais pris cette décision sans en parler à personne. Ce retour fut plus facile que les fois précédentes. Je me sentais plus forte intérieurement.

Jacques m'attendait à l'aéroport de Port-au-Prince. Je le trouvais très pressé et ses vêtements étaient poussiéreux. Je l'ai salué. Il a monté mes bagages dans la voiture et, tout de suite, il a pris la direction des Cayes. Je lui ai demandé la raison de cette précipitation. On pourrait coucher à Port-au-Prince et partir le lendemain pour les Cayes. Il a refusé. Il a prétendu qu'il avait des choses à faire aux Cayes. Durant le trajet, il ne parlait presque pas.

À notre arrivé à Petit-Goâve, la voiture est tombée en panne.,

La réparation lui a pris deux heures. J'étais fatiguée et j'avais faim.

Même si j'apportais des commissions pour ma sœur Claire et Nélia, nous n'avons pas fait d'arrêt à Miragoâne. Ce serait pour une prochaine fois, m'a promis Jacques.

En regardant Jacques réparer la voiture, je lui avais émis cette remarque : Tu travailles dur ici, en Haïti. Il m'avait répondu : Je suis bien ici. Je n'ai pas de problèmes. Je lui avais rétorqué : Je trouve que c'est forçant, de toujours être en train d'arranger les voitures. Toujours travailler, avec cette poussière et tout le reste. Il a répliqué : J'aime cela, c'est tout. Il ne se rendait pas compte que ce style de vie nuirait à sa santé et qu'arriverait un temps où il ne pourrait plus continuer.

Cette fois-ci, à mon arrivée en Haïti, je trouvais bien déroutant le comportement de mes interlocuteurs. Ils étaient secs et cassants, comme le pays. Durant tout le trajet en direction des Cayes, je regardais le pays avec tristesse. Les arbres, les collines étaient desséchées et ternes. Il n'avait pas plu depuis trois mois. La vie était devenue chère. C'était un constat désolant.

Dès le lendemain de mon retour chez moi, j'ai commencé à placer dans la boutique les marchandises que j'avais apportées du Canada. Les clients éventuels se démenaient pour venir scruter ce qu'il y avait de nouveau. Certains ont effectué quelques achats, d'autres ont regardé par simple curiosité.

Jacques connaissait d'autres problèmes avec sa camionnette.

Ce qui le forçait à passer ses journées dans le garage pour la réparer. Il se faisait aider par son neveu Daniel. Ce dernier était discrètement revenu dans le décor, je ne sais pour combien de temps.

J'ai, quant à moi, repris la rédaction de mon livre avec beaucoup plus de sérieux. Je m'occupais moins directement de la maison, parce que, j'avais l'aide de la servante et du petit Roger. Je leur indiquais quoi faire ; le reste du temps, je me concentrais sur l'écriture.

Depuis mon retour, je n'avais pas eu le temps de me rendre à Miragoâne pour remettre à ma sœur ses commissions et pour vérifier où en était la construction de la maison. J'évitais d'en parler à Jacques, parce que j'avais déjà ma petite idée là-dessus. Finalement, nous y sommes allés le 15 avril.

Voici une partie de mon journal

Le samedi 15 avril 2000

Il est 2 heures 30 de l'après-midi, je suis prête depuis 8 heures du matin. J'attends Jacques avec qui je dois partir à Miragoâne. Il m'a dit qu'il doit réparer quelque chose dans l'auto avant de prendre la route. Eh bien, cela a duré toute la journée. Je pris la situation cool. J'en ai profité pour écrire. Pour cette histoire d'attendre Jacques, c'est devenu pour moi une habitude.

Depuis que je le connais, chaque fois que nous devons voyager, il me fait attendre des heures. Au début, c'était difficile. Quelquefois, j'en pleurais. Mais au fil des années, et avec l'appui de ma cousine Vivianne, qui m'aidait à être patiente, j'ai fini par m'y habituer. Grace aussi à l'écriture, je réussissais à passer le temps.

Je ne sais même plus si nous allons partir aujourd'hui. Si nous ne partons pas, je continuerais à rédiger mes mémoires que j'ai tellement hâte de terminer. Ici, je ne dispose pas d'un bon endroit pour écrire. Je suis obligée de m'installer dans la boutique. Il y a toujours le va-et-vient des gens qui viennent acheter.

Le mardi 18 avril 2000

J'ai bien aimé mon séjour à Miragoâne. Cette fois-ci, ma sœur Claire était heureuse de me revoir, de même que mon amie.

Ma sœur m'a émis cette remarque : Je suis allée voir la construction ; j'étais contente de constater, que tu fais quelque chose d'utile avec l'argent de tes terrains. Mais, en fait, je ne lui ai rien divulgué de mes véritables projets.

Durant mon séjour à Miragoâne, j'ai pu vendre un autre terrain. Il m'en restait trois autres encore à vendre. Mais, je n'en parlais pas. J'ai décidé en fin de compte que je cesserais d'en vendre pour le moment.

Aujourd'hui, je suis allée payer ma facture d'électricité et j'ai déposé le reste de l'argent à la banque. J'attends de savoir quoi faire. Je regrette maintenant d'avoir construit sur le terrain de Chalon. Je me suis aperçue qu'ici, en Haïti, rien ne va plus. Les citoyens sont à l'image du pays, même s'il faut se garder de généraliser. Je n'arrive plus à comprendre ce qui se passe autour de moi. Je suis en pleine confusion.

Je continue le récit

Nous étions au 19 avril 2000. C'était l'anniversaire de Jacques. Ce matin-là, nous sommes restés un peu plus tard au lit.

J'avais prévenu la servante que je lui signalerais à quel moment elle devait nous faire apporter le déjeuner dans notre chambre par le petit Roger.

Je m'évertuais à faire en sorte que nous passions une bonne journée. J'avais demandé à la servante de préparer un bon diner et j'avais commandé pour l'occasion un gâteau que la servante devait aller chercher au courant de la journée. Tout de suite après le déjeuner, Jacques m'a annoncé savoir qu'il devait sortir parce qu'il avait une pièce importante à faire souder dans la camionnette. J'ai essayé de le retenir, mais en pure perte. J'ai quand même insisté pour qu'il revienne le plus vite possible, puisque je lui réservais une agréable surprise.

Lorsqu'il est parti, il était 10 heures 30 du matin. Vu que c'était la Semaine de Sainte, j'avais donné congé à la servante immédiatement après le dîner pour lui permettre d'aller voir sa famille. Elle devait revenir le lendemain matin parce que je comptais avoir recours à ses services le Vendredi saint et le dimanche Pâques. Quand elle a quitté la maison, Jacques n'était pas encore rentré. Il est revenu vers 4 heures 30 de l'après-midi en me racontant des histoires cousues de fil blanc. Je n'ai pas prononcé un mot. Je faisais semblant de l'écouter. J'ai passé la soirée à écrire pendant que, de son côté, il s'activait à réparer sa camionnette dans le garage. J'ai soupé seule. Je ne lui ai pas touché mot de son escapade : c'était la semaine sainte et je ne voulais pas me laisser embêter par cette histoire.

Depuis mon retour de Montréal, la servante ne se portait pas bien. Elle me répétait qu'elle avait mal au ventre et qu'elle ne pouvait pas manger. Je lui ai recommandé d'aller consulter un médecin. Je soufflais à Jacques qu'elle était peut-être enceinte. Mais Margo soutenait qu'elle n'était pas enceinte. Je projetais de la faire examiner par un médecin après la fête de Pâques. C'est surtout à cause de son persistent mal de vendre que je l'avais envoyée visiter sa famille. Elle était partie le mercredi après-midi. Elle était censée revenir le jeudi matin afin de faire le marché pour le vendredi saint, en particulier Achter du poisson. Cependant elle n'est pas revenue.

J'ai dû me passer du poisson pour le vendredi saint. Je me sentais vivement contrariée. Pour une fois, je ne mangerais pas du poisson un vendredi saint. Mais ce n'est pas bien grave puisqu'il y a des êtres humains qui n'ont presque rien à manger. Je pensais à Margot présument que son état s'était peut-être aggravé. Or elle est revenue sur l'heure du souper. Elle s'est excusée en s'expliquant longuement. Je ne lui ai adressé aucun blâme. Elle m'a promis que le lendemain matin, elle ferait tout son possible pour me ramener du poisson ou tout autre fruit de mer. Je lui ai calmement répondu : OK Margot, c'est très bien.

Cette journée du 20 avril 2000, je suis retournée toute seule dans la maison avec le petit Roger. Comme d'habitude, Jacques était sorti.

Puisque c'était jeudi saint, je tenais à me rendre à l'église pour assister au lavement des pieds. Suze, la femme du cousin de Jacques, m'a informé que la cérémonie avait eu lieu ce matin-là. Je ne comprenais plus rien de ce pays. Tout fonctionne à l'envers, même les pratiques religieuses. Je me suis promis que j'irais à l'église le dimanche de Pâques dans l'après-midi. Assise dans la boutique en compagnie du petit Roger. Je lui ai demandé comment les choses s'étaient passées durant mon absence, Il m'a bredouillé que tout s'était bien déroulé. À ma question de savoir si la jeune fille était venue dans la boutique, il m'a répondu que oui, qu'elle est venue parler à Monsieur Jacques et qu'elle désirait avoir de l'eau. Je me suis contentée de cette information et ne pas poursuivi la conservation. Je suis resté pensive. Je trouvais une fois de plus que Jacques n'était vraiment pas sincère avec moi.

Voici une partie de mon journal.

20 avril 2000 - journal

Je viens d'apprendre que, que durant mon absence, la jeune fille est venue voir Jacques dans la boutique. Je trouve que c'était bien désobligeant de sa part de se présenter chez moi. Jacque, lui, ne m'en a pas parlé. Il aurait dû m'en toucher un mot. Je ne sais plus quoi penser. Ce n'est pas de la jalousie, loin de là. C'est surtout son hypocrisie qui m'enrage. Mais, ce soir, je vais lui en parler. Je verrai ce qu'il va me répondre.

21 avril 2000 - journal

Je me suis réveillée de bonne heure aujourd'hui. Je n'ai pas pu dormir. Hier soir, j'ai parlé à Jacques de la jeune Cayenne qui est venue chez nous. Il m'a répondu froidement : Qu'est-ce que ça peut te faire ? Il a poursuivi : Qu'est te l'a dit ? J'ai enchaîné : « Qu'est-ce qu'elle était venue faire ici ? Il m'a répliqué qu'elle voulait de l'eau et m'a raconté une histoire inventée. Il a crié : Pourquoi la personne qui t'en a parlé ne t'a raconté pas ce qui s'était passé ? Et il a ajouté : Je suis chez moi, je fais ce que je veux. J'ai rétorqué que je n'étais pas que d'accord que la jeune fille soit venue chez moi et que c'est lui qui aurait dû me mettre au courant de la visite de la jeune fille, pas quelqu'un d'autre.

Je n'ai pas poursuivi plus longtemps la conversation. Je trouvais que c'était peine perdue. Il devenait évident que je devais plus lui faire confiance. Il me cachait trop de choses, alors que j'étais sincère avec lui. Il me fallait dès lors me tenir sur mes gardes, ces gens-là pouvant à tout instant chercher à me nuire.

Jacques utilise l'argent de mon héritage pour tout payer dans la maison. C'est mon capital qu'il est en train d'envoyer en fumée.

Je ne sais pas comment réagir. J'ai sacrifié beaucoup de choses pour venir vivre avec lui en Haïti. S'il est avec moi, c'est uniquement son intérêt qu'il défend. Je ne lui pardonnerai jamais pour ce qu'il m'a fait, parce que je ne mérite pas cela.

Chapitre 11

La trahison

Première partie

Un véritable abus de confiance

Mise au courant de cette nouvelle, j'ai gardé mon calme. Je me suis tenue muette. Mais j'y pensais sans arrêt. Je notais que les clients ne venaient presque plus acheter dans le magasin. Mais je ne faisais aucun lien. Je supposais qu'ils étaient peut-être à court d'argent. J'ai décidé quand même d'en savoir plus. Je suis allée parler à la servante. Je lui ai demandé si elle avait remarqué que la jeune fille venait ici durant mon absence. Elle a aussitôt réagi : Madame Jacques, je ne suis pas venue ici pour surveiller les gens. Comme j'insistais, elle a précisé : Vous voyez, madame, depuis que vous êtes revenue, vous m'avez trouvée malade. Eh bien, madame, ma maladie, c'est cette histoire qui s'est passée dans cette maison. Je ne peux pas en dire plus. J'ai demandé au petit Roger de me rejoindre dans la cuisine. Monsieur Jacques travaillait dans la camionnette au garage avec son cousin Daniel.

J'ai enjoint à la servante et au petit Roger de tout me raconter. Ils m'ont prié de ne révéler leurs confidences. Je leur ai donné ma parole. Ils m'ont avoué que, depuis le premier jour où

Jacques est revenu de Montréal, il avait envoyé le petit Roger chercher la jeune fille chez elle. Elle avait passé les deux semaines à coucher chez moi. Elle venait le soir vers 6 heures pour repartir au petit matin. La fin de semaine, elle restait les 2 jours. Les portes entre la cuisine et la boutique étaient fermées à clé. Jacques passait tout son temps avec elle. La servante envoyait Roger porter les trois repas à l'étage. Il déposait le plateau devant de la porte de la chambre. Personne n'avait le droit d'y entrer. Si jamais Jacques se rendait à Port-au-Prince, dès son retour, même s'il se faisait tard, il faisait chercher la jeune fille. Les deux amants regardaient la télévision et s'esclaffaient presque sans arrêt.

Informée de tous ces faits, j'estimais que Jacques ne manquait pas de culot : mettre une femme dans mon lit, dans mes affaires personnelles, dans mon intimité. J'ai eu honte pour moi et pour lui aussi. À l'insu de mon mari, j'ai demandé à Roger et à la servante de m'accompagner dans ma chambre. J'ai pris une paire de ciseaux et un bon couteau coupant. J'ai déchiré le matelas, puis l'oreiller. En recourant à eux. Je leur ai ensuite ordonné d'aller tout jeter dans la rue. En un clin d'œil, les pauvres du quartier avaient tout ramassé.

Ayant observé la scène, Jacques est venu me rejoindre dans le bureau en réclamant une explication. Je lui ai révélé que j'étais au courant de tout ce qui s'était passé durant mon absence. Il me fixait sans articuler un mot. Il tentait en fait de me cacher son embarras. Il est brusquement retourné travailler dans le garage.

Mais alors, je ne savais plus quelle conduit adopter, Je résistais au désir d'appeler ma fille. Pas tout de suite en tout cas.

Au même instant, la tentation de fuir m'est venue à l'esprit. Je me suis précipitée dans ma chambre. Je m'apprêtais à faire mes valises. J'étais, tout compte fait, en train de me battre avec une autre partie de moi-même. L'intense envie de décamper croissait. J'étais fort nerveuse, je tremblais de tout mon corps. Je me suis répété : « Il faut que je fasse quelque chose. Je suis descendue dans la boutique. J'ai pris la clef, j'ai ouvert le tiroir du bureau, une partie de moi déterminé à prendre mon passeport et à décamper. Je me suis raisonnée : Enice, ne prends pas la fuite, reste, il faut que tu restes pour m'aider à terminer mon livre. Je veux atteindre à mon but.

La main droite effleurait le passeport. Je ne pouvais même pas le toucher. C'était une bataille entre moi et mon autre moi. Un moment excessivement pénible. Je ne pleurais pas. Mon cerveau fonctionnait comme une horloge à la seconde, mais en désordre. J'étais seule avec mon autre moi qui n'entendait qu'à partir.

Finalement, j'ai crié avec force : non ! Et j'ai fermé le tiroir du bureau. Je suis allée chez Suze, la femme du cousin de Jacques.

Nous nous sommes installées sur le balcon. Je lui ai confié de ce que Jacques m'avait fait. Évidemment, elle le savait déjà. Elle a reconnu qu'elle était au courant de tout, et ce, depuis la première semaine où Jacques était revenu de Montréal : « Tout le monde en parle dans la ville, et si ta servante est malade, c'est à cause de cela. Elle a cru bon de préciser : Si tu vois que les gens ne viennent plus acheter au magasin, c'est parce qu'ils ont peur de te faire la peine et qu'ils n'ont aucun respect pour Jacques comme avant. Elle désirait savoir ce que je comptais faire. Je lui ai signalé que j'allais y réfléchir. Elle m'a souhaité bonne chance et je suis retournée à la maison. Ma visite avait duré une demi-journée.

À mon retour chez moi, j'ai fermé la boutique. Je suis montée dans ma chambre. Je me sentais d'humeur explosive. J'ai pris un calment et j'ai prié Dieu. Puis j'ai décidé de m'arranger un lit. Vu qu'il restait un matelas de deux places dans la chambre, je l'ai placé sur un sommier grand format et j'ai forgé des oreillers avec des couvertures et des draps. Ce n'était pas confortable, au moins je pourrais dormir pour le temps que je comptais encore passer dans cette maison.

Le soir venu, j'ai appelé Jacques. Je lui ai annoncée que je désirais lui parler. Il s'est attardé avant de monter à l'étage.

Quand j'ai fait mine de lui parler de ses absurdités avec l'adolescente, il a refusé d'en discuter : Oublie tout cela, m'a-t-il lancé je ne veux plus en entendre parler. J'étais triste, je sentais que j'allais éclater à tout moment, je n'en pouvais plus. Surtout de son attitude méprisante.

Voici ce que j'ai écrit sur cette nuit-là

Le 24 avril 2000

Aujourd'hui, est lundi de Pâques. Hier soir, je n'ai pas bien dormi. J'ai passé une partie de la nuit à me déplacer d'un bout à l'autre, de la chambre parce que j'en avais assez. J'avais envie de hurler et de tuer, de casser tout ce qui trouvait à ma portée. J'éprouvais beaucoup de peine. Je ne pouvais pas imaginer Jacques emmener cette fille ou n'importe quelle autre fille dans ma chambre, dans notre lit, dans mon intimité. Oh non ! Je ne voulais pas y croire. C'était plus fort que moi. Je sentais que j'allais tomber évanouir. J'ai crié de toutes mes forces.

J'ai fait une crise. J'avais l'impression que mon cœur voulait sortir de ma poitrine. Jacques s'est réveillé. Il m'a donné un tranquillisant, tout en s'enquêtant de ce qui n'allait pas. Il le savait bien, ce qui n'allait pas. Je lui ai quand même demandé pourquoi qu'il avait fait une chose aussi sale. Qu'est-ce que, moi, je lui avais fait de mal ? D'habitude, c'est quand les choses ne marchent pas qu'il se comporte mal en vue d'attirer mon attention.

Cette fois-ci, il a mis ma vie en danger. Je ne le prends pas. Je dois désormais compter sur moi seule.

Je ne sais pas encore quoi faire encore, mais j'y pense sérieusement. Au lieu de me torturer, Jacques devrait m'adorer. Je remets tout entre les mains de Dieu. Pourtant, j'ai en même temps beaucoup de mauvaises idées qui se bousculent dans ma tête. Par exemple, le tuer puis m'en fuir à Montréal, mais j'ai prié dessus et le bon Dieu m'a entendue. Je sais qu'il m'éclairera pour que je prenne la bonne décision. En attendant, je poursuis la rédaction de mon livre.

J'avais tenté d'oublier à tout pris cette histoire pour parvenir à me concentrer sur l'écriture de mon livre. Je comptais ne pas en parler aux enfants parce que c'était trop honteux. J'avais même enlevé mes autres mauvaises idées de ma tête afin d'arriver à consacrer exclusivement à l'écriture. Mais dès le lendemain, j'ai appris des nouvelles sur un autre incident aussi grave.

Voici une partie de mon journal,

Journal 25 avril 2000

Aujourd'hui, c'est une autre journée encore épouvantable pour moi. J'apprends que chaque jour Jacques emmenait la jeune fille en dehors de la ville pour se donner bon temps. Il l'amenait à la plage, alors que moi, il ne me sort jamais. Ils se donnaient rendez-vous à l'arrière de chez elle, pendant que moi, je m'occupais la boutique, pauvre innocente que je suis.

Décidément, je ne peux plus rien endurer de cet homme. Je sais que je ne l'aime plus. La jeune fille aurait déclaré qu'elle attendait que je parte ou meure pour pouvoir se marier avec Jacques. Je sais que toutes les sorties de Jacques cachaient des mensonges. Par exemple, lorsqu'il allait faire souder son camion ou sa voiture, je pressentais qu'il me mentait. Pour éviter des problèmes, je ne réagissais pas. Mais, ce qui me fait le plus mal, c'est que je ne peux pas en parler à mes enfants. J'ai trop honte de moi. Cette fois-ci, je ne pense pas au suicide. Je pense à me venger. Je ne sais pas comment, je ne m'inquiète pas à ce sujet. Je vais trouver comment et quand passer à l'acte.

Maintenant, je ne crois plus en Jacques. J'ai la certitude que dès qu'il ouvre la bouche, c'est pour dire des mensonges. La journée de son anniversaire, il est parti retrouver la jeune fille en prétendant qu'il avait un rendez-vous de travail important. Il est revenu cinq heures plus tard. Un tel homme ne mérite pas qu'on l'apprécie. Cette nouvelle information m'a fait beaucoup réfléchir.

Je continue mon récit

Après avoir obtenu ce renseignement, j'ai senti la haine grandir dans mon cœur. J'ai essayé de parler à Jacques pour connaitre la vérité. Il a prétendu que pour lui, c'était du passé et qu'il ne tenait plus à en discuter. J'ai insisté sur l'importance d'une telle mise au point. « Pourquoi t'en faire pour une petite qui ne représente rien du tout ? a-t-il lancé. Lui et moi avions d'autres sujets bien plus sérieux auxquels nous intéresser.

Il cherchait à me faire croire qu'il n'avait jamais couché avec la jeune fille. Durant l'échange, il exprimait son désir que nous fassions l'amour. J'ai refusé. Il a insisté physiquement. Une fois qu'il a eu ce qu'il visait, j'ai senti que je ne ressentais plus rien pour lui. J'étais comme frigide. Il tentait de se montrer gentil avec moi parce qu'il craignait que je renonce à construire la maison. De mon côté, je n'avais pas renoncé à ma vengeance. Je continuais d'y réfléchir.

Depuis quelque temps, je peinais à faire mes nuits. Je me sentais fatiguée moralement. J'arrivais à fonctionner comme d'habitude, avec cependant moins d'entrain. Quand les marchandes et les clients venaient au magasin, je ne leur parlais presque pas, l'enthousiasme n'y étant plus. C'est alors que j'ai compris que je n'avais plus envie de rester en Haïti. Je n'avais plus ma place dans ce pays. Un jour, je suis sortie sur la galerie ; la jeune fille est sortie sur la sienne, et elle m'a aussitôt proféré des bêtises. J'ai fait semblant de ne pas l'entendre. Je suis rentrée. Je me sentais humiliée. J'en raconté l'incident à Jacques. Il n'a fait montre d'aucune réaction.

Dès lors, je n'arrivais plus à comprendre, comment j'ai pu aimer un homme comme lui. Je me rendais de plus compte qu'il n'avait rien d'un vrai homme, Qu'il était au contrais un petit homme de rien du tout. Il était redevenu dangereusement agressif. Il faisait semblant d'être toujours en train de réparer sa camionnette. À plusieurs reprises, je lui avais suggéré d'amener la camionnette par un garagiste. Mais personne, selon lui, ne connaissait vraiment la mécanique en Haïti. Il avait toujours raison.

29 avril 2000

Il est midi. Hier soir, nous nous sommes couchés très tard parce que nous devions terminer la confection informatisée de brochures de publicité à livrer aujourd'hui. Nous travaillons jusque tard la nuit parce que le jour, Jacques s'affaire sur la camionnette. Il est en train reconstruire le radiateur. Depuis trois semaines, il y s'y active avec son neveu Daniel. Il ne veut rien entendre de personne. C'est toujours ce qu'il dit qui est bon, on ne peut pas le conseiller. À bien l'observer, je juge que c'est un homme qui, tout compte fait, est en train de s'épuiser.

Hier soir, il me paraissait très nerveux. Il ne pouvait pas se concentrer. Je feignais de ne pas m'en apercevoir. Mais, à son réveil ce matin, il m'a avoué, qu'il n'avait pas bien dormi. Je l'ai rassuré : Je pense que c'est normal. Tu as trop de choses à faire en même temps, la mécanique dans la camionnette, le conteneur qui va arriver à Port-au-Prince, les travaux dans la maison de La Boule, la construction de la maison à Chalon, etc. Je me demande comment il s'y prend pour réussir à passer si souvent du bon temps avec la jeune fille.

En ce qui concerne la construction à Miragoâne, je ne pense pas que cette maison ne sera jamais achevée. Pour moi, c'est chose du passé ; j'oublie ce projet. Je n'en ai pas encore parlé à Jacques. Mon silence fait partie de mon plan. Bien que j'aie eu l'intuition qu'il me mentait quand il partait après diner pour revenir après le souper, je ne risquais aucune remarque. Mais j'ai appris qu'il amenait la jeune fille qu'il chez moi, dans mon lit, et que j'ai relevé des taches de sperme sur les coussins du sofa, dans le salon, là, j'ai réagi. Pas de jalousie, loin de là. Parce que je craignais pour ma vie, j'ai réalisé que je courais un réel danger. Il fallait que je fasse quelque chose. Mais auparavant, pensons à la vengeance.

Deuxième partie

Désir de vengeance et interventions spirituelles

Depuis l'incident du 20 avril 2000, je n'ai pas changé de train de vie. J'ai continué à m'occuper de mes affaires comme si rien ne s'était passé. Je parlais et riais avec les gens comme d'habitude, tout en cachant mon for intérieur. Au point que ma servante m'a rapporté les propos suivants de certaines personnes : « Comment cela, la madame n'a pas fait de scène avec son mari et la jeune fille ?

Ces mêmes personnes avaient poursuivi : « Est-ce que c'est ainsi cela fonctionne dans son pays au Canada. ? J'ai alors recommandé à la servante de ne plus se mêler de cette histoire. Cela faisait presque un mois que je souffrais atrocement et en silence. Je n'avais rien révélé ni à mes enfants ni à mon amie de Miragoâne. De toute façon, je n'avais pas du tout envie de me rendre à Miragoâne.

Je nourrissais et travaillais le plan de ma vengeance dans ma tête. J'avais mal à mon cœur. La blessure était à vif. Un jour, je me suis rendu compte que je n'en pouvais plus. Il fallait que j'en parle à ma fille, particulièrement au sujet de mon plan. J'ai attendu d'être seule dans la boutique pour téléphoner à Natatsha. Je lui ai dévoilé l'essentiel de ce qui s'était passé. Elle était stupéfaite d'entendre la nouvelle. « Depuis ce temps, tu aurais dû m'appeler, m'a-t-elle tendrement reproché. Tu dois revenir à Montréal. Tu vas être bien, ne restes pas en Haïti. J'ai aussitôt réagi : « Non, je ne rentre pas à Montréal tout de suite. Avant de venir, je vais tuer Jacques ; immédiatement après que je prends l'avion pour

Montréal. Sur le coup, elle m'a lancé : tu es sûre que tu peux le faire ? Je l'en ai confirmé : Oui, j'ai déjà mon plan. C'est pour cette raison que je ne t'avais pas encore appelé. De plus, j'avais honte de moi. Elle m'a conseillé d'être très vigilante et de ne me confier à personne. Je l'ai assurée à ce sujet : Je n'ai rien révélé à personne, même pas à ton frère Max. Et j'ai conclu : Ne t'inquiète de rien ; j'ai l'argent pour mon billet d'avion. Prie pour moi.

Entre-temps, j'ai poursuivi la vie commune avec Jacques.

Nous sommes allés faire un tour à Miragoâne. Je tu la pénible situation à ma sœur claire, mais, j'en ai parlé à son mari, mon beau-frère, et à mon amie Nélia. Ils ont à leur tour fortement condamné le comportement de Jacques.

Jacques et moi, avions planifié un séjour à Port-au-Prince pour au moins trois semaines. Nous projections de dédouaner le conteneur et de terminer les travaux dans la maison de La Boule en compagnie de toute l'équipe. Soit la bonne, le petit Roger et le neveu de mon conjoint. Le voyage était fixé pour le 18 mai.

Mon plan à moi était de tuer Jacques quatre jours avant notre départ pour Port-au-Prince. J'avais tout prévu. Tout était prêt pour l'exécution. J'étais très gentille avec lui. Il ne se doutait de rien. Je n'éprouvais aucun début de remords. Cet homme m'avait fait trop souffrir durant toutes ces années. J'étais complètement à bout. J'avais passé la majeure partie de ma vie avec lui en espérant qu'un jour il changerait. Le changement n'est jamais arrivé. Et chaque fois que je le quitte, il revient me chercher. Je n'en pouvais plus, ma décision était prise. Je le tuerais. J'avais tellement nourri cette idée que je ne pouvais plus l'enlever de mon esprit.

.

Mon plan devait être exécuté le matin. La veille de l'événement, il était 7 heures du soir, j'étais à l'étage assise dans le salon. Je regardais la télévision. Mon esprit était ailleurs. Je pensais à ce que j'aurais à faire le lendemain matin. Tout à coup, à la télévision, j'ai remarqué qu'on diffusait un film biblique, Les dix commandements. J'étais seule, Jacques se trouvait dans la chambre. J'ai aussitôt fait la réflexion suivante : Qu'est-ce qui prend aux gens de passer Les dix commandements aujourd'hui ? Ils sont fous. Comme j'aime l'histoire du film, j'ai opté pour le regarder sans arrière-pensée.

Moïse a commencé à lire les dix commandements. Quand il a énoncé celui-ci : Tu ne tueras point ton prochain. J'ai perçu sa voix tellement forte, grave et lointaine. C'était comme s'il me parlait. J'ai éprouvé des frissons et je me suis levée du sofa. Je suis descendue et je me suis installée devant le bureau. J'ai pris ma Bible, j'ai prié. J'ai lu quelques passages de la Bible.

J'ai ressenti une douce paix intérieure. La haine avait disparu.

J'étais calme et heureuse. Je suis montée à l'étage. Jacques dormait déjà. Je me suis couchée et j'ai dormi jusqu'au matin. J'avais de l'énergie à revendre. J'ai demandé à la servante d'aller faire les provisions pour le voyage à Port-au-Prince. J'ai préparé les bagages.

J'avais décidé de me rendre à Port-au-Prince en vue déterminer mon livre. Pour y parvenir, je devais faire le sacrifice de vivre avec Jacques comme quand j'étais dans la vingtaine. Pour rédiger cette nouvelle partie de mon livre, Je devais bannir la haine dans mon cœur. Sinon, j'étais gelée mentalement. J'ai remercié Dieu de m'avoir empêchée de commettre cette grave erreur. Je lui ai dit merci de m'avoir écouté puis qu'au début, de cette histoire, je l'avais supplié de m'éclairer pour savoir quoi faire. Il m'avait entendue et exposée. Il a sauvé mon âme et la vie de Jacques parce que, si je l'avais tué, je serais obligée de porter ce fardeau toute ma vie. Et ma fille de son côté serait obligée de garder ce lourd secret pour me protéger. Je ne pense pas que j'aurais eu le courage de le faire. J'étais confuse, mon autre moi avait pris presque toute la place. Les circonstances de cette affaire restent un mystère. Et ce soir-là, ce fut un miracle. Je n'oublierai jamais cette voix.

Toute cette aventure m'a amenée à entrer dans la peau d'une jeune femme de 20 ans pour pouvoir écrire mes mémoires et terminer mon premier livre.

Troisième partie

Notre séjour à La Boule

(Fin de l'écriture du tome I)

Nous sommes donc partis le 18 mai pour Port-au-Prince.

Durant tout le voyage, j'étais angoissée. Désirais arriver à destination le plus vite possible, parce que j'avais hâte de commencer à écrire et à respirer l'air pur de La Boule, le flanc de la montagne. Malgré les petits problèmes que nous avons connus sur la route, le voyage s'est bien déroulé. J'avais hâte de mettre mes plans à l'exécution. Avant de raconter mon séjour à La Boule, J'aimerais donner à mes lecteurs une idée de ce que je pensais faire et pourquoi. J'avais projeté de retourner dans le passé de mes vingt ans, de m'infiltrer dans la peau de jeune fille fraiche et belle, débordant de sensualité.

Pour réussir à narrer ce passé que j'ai partagé avec mon premier mari et surtout avec Jacques ; pour continuer à écrire la première tranche de ma vie, alors que j'étais rendue au sixième chapitre de : *Une femme parmi tant d'autres ;* pour relever ce grand défi, je devais effacer toute trace de haine dans mon cœur. Je comptais faire ressortir tous mes sentiments. J'avoue que ce fut une rude épreuve pour moi. Mais j'ai accompli le parcours afin d'éviter que les lecteurs ressentent mon insécurité. Je l'ai suivi de tout mon cœur.

Tout en écrivant cette partie de ma vie, je veillais à prendre soin de moi spirituellement et physiquement. J'étais calme, amoureuse, souriante, heureuse, et cela se voyait. Mais une chose clochait : je subissais une perte d'énergie à chaque fin de séance d'écriture ; toute fois je ne m'en faisais pas pour cela. Et j'ai pu malgré tout continuer allègrement. Plus je faisais l'amour, plus les idées venaient. Je me régénérais de cette façon. Je voulais à tout prix arriver au but. C'est pourquoi j'étais très impatiente de venir à La Boule, havre de tranquillité et loin du monde négatif.

Voici ce que j'ai écrit le lendemain de mon arrivée à La Boule.

19 mai 2000-journal

Aujourd'hui vendredi, je suis à La Boule dans la grande maison que Jacques doit rénover. Je suis avec Jacques, le petit Roger, Claudy et son frère, ainsi que ma servante Margot.

Nous avons fait un bon voyage. En arrivant à Port-au-Prince, nous sommes passés voir mon oncle George. J'apportais des provisions pour sa femme, ce qu'elle a beaucoup apprécié. Nous sommes montés ensuite à La Boule avant le coucher du soleil. J'étais enchantée d'entrée dans la maison de mes rêves. Je n'en reviens pas, je vais y passer trois semaines, c'est un vrai bonheur pour moi. Au moins durant ces trois semaines j'arriverai à terminer mon manuscrit.

Après avoir donné certaines directives à la servante, la première chose que j'ai faite a été de montre dans la chambre à coucher avec Margarèthe et Roger. Ils l'ont balayée pour enlever la poussière et nous avons préparé le lit parce que je savais bien que dès Jacques serait monté, il irait se coucher. C'est effectivement ce qu'il a fait. Nous nous reposer un peu. J'ai demandé à la servante de préparer entre-temps le souper. Quand nous sommes descendus, Jacques a installé la table, la radio etc. Avec l'aide de Roger et de Margot, nous avons rangé les provisions, la vaisselle, les chaudrons et mis de l'ordre dans la cuisine.

Après le souper, vers 8 heures 30 du soir, nous avons pris notre bain et nous sommes couchés. Nous étions de bonne humeur et nous avons bavardé jusqu'à 10 heures du soir. Jacques se disait quand même fatigué et avait mal partout, surtout aux pieds aux genoux et au dos. Je lui ai conseillé d'effectuer des étirements, cela lui a fait du bien. Vers 10 heures 30, nous avons commencé à nous caresser et nous avons fait l'amour. Je le trouvais plus détendu. Même moi-même, je suis laissée aller, ce que je n'avais pas osé depuis longtemps.

Ici à La Boule, nous goûtons un plus grand calme qu'aux Cayes. Quand j'étais dans notre maison des Cayes, je ne me sentais pas à l'aise. C'était comme si cette maison-là était hanté. Ici, je me sens bien, même mes idées sont plus claires. Je pense que je ne dois plus vivre là-bas. Hier soir, comme je faisais l'amour avec Jacques, il m'a confié qu'il trouvait que je le faisais mieux.

Ce qu'il ne n'avait pas remarqué, c'est que je n'étais pas la même femme. Je redevenais cette femme sensuelle et douce d'autrefois.

Quoi qu'il en soit, durant mes trois semaines, je ferai tout ce qui est possible pour atteindre mon but. Ce matin, je n'avais pas envie de me lever de mon lit. Je me sentais bien, surtout dans cette grande chambre entourée de fenêtres, contrairement aux Cayes où la chambre n'a pas de fenêtres. S'il n'y avait pas de ventilateur, nous ne pourrions jamais y dormir.

Jacques s'est réveillé avant moi ; d'habitude, c'est moi qui me réveille plus tôt. Cette fois-ci, il ma' suggéré de rester couchée.

Je quand même levée pour pouvoir contempler la nature, prier et écrire. Je me sens bien ici. Je vais pouvoir terminer mon livre. Jacques signalé qu'il a bien dormi. Il me taquinée un peu sur notre performance d'hier soir. Quand je suis descendue, les gars avaient déjà pris leur café. Ils m'ont saluée et m'ont affirmé qu'ils avaient bien dormi. Et qu'ils aimaient les lieux. J'ai pris mon déjeuner avec Jacques. Puis je suis montée à l'étage pour m'habiller et ranger mes affaires. Ensuite, j'ai pris mon sac qui contenait mes accessoires d'écriture et mon livre de prières. Et j'ai avisé Jacques : Si tu as besoin de moi, je suis dans la cour.

Arrivée sur la terrasse, je me suis installé sous un manguier pour avoir de l'ombre et pour pouvoir dominer la montagne verdoyante. Le premier geste que j'ai fait a été de, de prié Dieu pour lui demander de m'accorder l'inspiration d'écrire et de protéger mes enfants et mes petits-enfants. J'ai pris une bonne respiration, et j'ai médité pendant quelques minutes. Je me mets maintenant à écrire le début du chapitre six de mon livre. À demain.

Quatrième partie
Le travail d'écriture, du livre 1

C'est donc ainsi que j'ai mis encoure mon plan d'écriture.

Durant plusieurs jours, c'était la même routine. J'étais toujours à l'extérieur en train d'écrire. Entre mes heures d'écriture, je faisais des tours dans la cour pour dégourdir mes jambes. Le temps s'annonçait toujours beau, la nature était belle, j'étais d'inspirée.

Je pensais seulement à l'exécution de mon projet. La nuit, c'était autre chose. Je me nourrissais d'autre chose. La servante, elle, prenait soi de tout. Elle savait quoi faire. Pour moi, j'étais seule dans une grande maison. Je voyais les autres occupants comme des personnages flous. J'étais dans un autre monde, un monde du passé.

Je me souviens qu'un jour, la servante a tenté de me demander une information. J'étais en train d'écrire à l'extérieur.

Elle se tenait à côté de moi. Elle m'a parlé et a crié mon nom, mais je ne l'entendais pas. Quand elle m'a touchée, j'étais comme tombée dans le vide. J'ai sursauté, et elle a eu peur. Elle s'est aussitôt expliquée : excusez-moi, madame, mais cela fait longtemps que je suis là. Je vous ai appelé, mais vous n'avez pas entendu, c'est pourquoi je vous ai touchée. Je lui ai répondu de ne pas s'inquiéter. Tout allait bien.

Entre-temps, Jacques, lui, travaillait avec ses neveux. Tout passait bien. Quand il se rendait en ville, je l'accompagnais parce que je craignais de rester seule dans la maison. Et, j'en profitais pour téléphoner à mes enfants, parce que la maison ne disposait pas de téléphone. Il se trouve que c'était le temps des élections en Haïti, alors on craignait les invasions de domiciles.

Journal - 21 mai 2000

Aujourd'hui, c'est dimanche, la journée des élections en Haïti. Je suis à La Boule. Ce matin, je suis réveillée un peu tard.

Nous sommes descendus pour déjeuner. Puis, je suis montée pour faire le laver de mes sous-vêtements et mettre de l'ordre dans la chambre en vue d'écrire à l'intérieur en toute sécurité, alors que n'importe quel désordre pouvait éclater dans les rues en ces moments d'élections,

Vers midi, je suis passée à la cuisine pour vérifier comment Margot se débrouillait avec le dîner. Tout allait bien. Elle connaissait son travail. Après le dîner, vers 14 heures, je suis sortie dans la cour. Je me suis installé, pas trop loin de la maison, par précaution. À un endroit bien visible pour Jacques et le gars. Plus précisément, tout près d'un avocatier.

Hier, nous sommes descendus en ville afin d'effectuer desachats et des appels téléphoniques. Je trouvais que la nourriture coutait plus cher à Port-au-Prince qu'en province. En général, la vie est très chère en Haïti. Nous sommes passés chez Rémonde, la sœur de Jacques, pour téléphoner. Jacques se proposait d'appeler son associé pour vérifier si le conteneur était arrivé. C'était bien le cas, il était arrivé. J'en ai profité pour appeler ma fille. Elle n'était pas à la maison. J'ai pu parler à Patrick, son mari. Il m'a signalé que Natatsha avait essayé de m'appeler plusieurs fois, mais qu'aucune ligne téléphonique ne fonctionnait en Haïti. Il fallait que je la rappelle parce qu'elle avait besoin de moi. L'incitation de Patrick m'a rendue très inquiète. Nous sommes quand même allés dîner dans un restaurant de Delmas. Nous y avons commandé des hamburgers, et de la limonade. Nous avons donné un peu d'argent à la servante à Roger pour qu'ils s'achètent de la nourriture de leur choix.

À notre retour à la maison, Jacques est allé faire une petite somme. J'ai aidé Margot à préparer quelque chose pour le souper.

Nous avons soupé à l'extérieur dans la cour, et nous y sommes restés jusqu'à l'heure du coucher.

Je continue mon récit

Comme j'ai déjà noté. Je faisais chaque jour une petite marche de 30 minutes dans la cour. En même temps, j'admirais la nature, les montagnes boisées, d'imposantes maisons disséminées. Tout cela me faisait rêver. Je libérais mon esprit, en même temps je regardais le ciel. On aurait cru que celui-ci était proche de moi. C'était comme-ci je me trouvais au paradis. J'ai alors pris parti de profiter intensément du temps où je logerais dans cette maison que j'aurais souhaité être mienne.

Durant mon séjour à La Boule, je n'ai pas reparlé du combien pénible incident des Cayes. Mais ce n'est pas parce que je l'avais oublié, bien au contraire ! Simplement, j'étais déterminée à me concentrer sur rédaction de mon livre que je comptais terminer avant mon départ pour Montréal. Ce départ avait été prévu pour le 30 juin 2000. Il me restait donc un mois pour atteindre mon objectif.

Dans la vie, on ne peut pas toutefois tout planifier, à la lettre.

Un événement est fortuit venu changer mon plan.

Voici ce qui s'est passé (je l'ai noté dans mon journal).

24 mai 2000 — journal

Nous nous sommes réveillés de bonne heure pour aller téléphoner à Natatsha. J'ai pu la joindre, elle avait un message important à me communiquée. Je devais rentrer à Montréal la semaine suivante, celle du 2 juin. C'est comme si j'avais anticipé son message.

En partant des Cayes, j'avais apporté mon passeport au cas où j'en aurais besoin ou que je devrais rentrer d'urgence à Montréal. Alors que nous étions en route pour Port-au-Prince, Jacques s'est aperçu qu'il avait oublié sur la table la valise qui contenait le passeport. Je reconnais avoir été négligente. J'aurai dû m'occuper de tout moi-même. La prochaine fois, je saurai m'y prendre.

Je continue mon récit

Il m'a fallu retourner aux Cayes pour récupérer mon passeport et mettre de l'ordre dans mes affaires personnels avant de partir pour Montréal. Je regagnais seule Montréal pour seulement une semaine. Jacques resterait en Haïti pour le dédouanement du conteneur et la poursuite les travaux. L'arrangement ne me déplaisait pas. Il ferait ce qu'il voudrait avec sa jeune maîtresse ; je ne m'en souciais guère. Mon unique préoccupation était ce voyage à Montréal après lequel je reviendrais pour terminer mon livre. Il se trouve que j'avais d'autres projets en tête. Nous avons passé deux jours aux Cayes et le 30 mai, nous étions déjà à Port-au-Prince. Le voyage était prévu pour le 2 juin 2000. J'ai profité les deux jours d'attente à La Boule pour coucher quelques réflexions dans mon journal.

Voici ce que j'ai écrit.

2 juin 2000 - journal

Il est 2 heures 40, le vol est prévu pour 5 heures 30. Je suis à l'aéroport d'Haïti, toute seule. Jacques était venu me déposer, il est reparti. Je me sens bien. Je ne m'en fais pas pour lui, je sais qu'il pourra se débrouiller durant mon absence.

Depuis le triste l'événement, je n'ai plus de confiance en lui alors, je ne me soucie pas de ce qu'il va faire ou pas. De toute façon, malgré ce voyage à Montréal, je me concentre avant tout sur mon livre. Je l'ai toute fois avisé de surveiller ses actions durant mon séjour à Montréal.

D'un autre côté, je suis contente de partir parce que j'ai hâte de voir ma famille. Je vais pouvoir me reposer. Je pars en paix parce que Margot, la servante, est une personne responsable, elle sait quoi faire.

Je ne comprends pas du tout Jacques. Il ne prend pas ses responsabilités au sérieux. C'est moi qui m'occupe de tout. C'est avec l'argent des ventes de terrains qu'il a acquitté le dédouanement du conteneur, l'immatriculation de la camionnette, etc. J'ai donc dû exécuter, avant mon départ, des prélèvements sur mon propre compte pour tout régler, y compris le bail de la maison des Cayes. De toute évidence, je dois mieux superviser mes affaires, sinon il ne me restera plus un sou.

Cinquième partie

Un court séjour seul à Montréal

Je suis rentrée à Montréal le 2 juin pour retourner en Haïti le 9 juin 2000. J'ai donc séjourné une semaine à Montréal. J'ai décrit dans mon journal mon emploi du temps pendant cette semaine.

Le voici.

6 juin 2000 — journal

Je suis arrivée à Montréal le 2 juin à 10 heures 50 du soir,

J'étais très heureuse de voir Natatsha, Patrick et les deux enfants.

Ils étaient de leur côté très contentes de ma présence. Natatsha m'a embrassée très fort. Patrick était à l'étage avec les enfants.

Elle est allée les chercher. Quand ils sont descendus, Elle-Camay a sauté dans mes bras. Mikaël, lui, ne m'a pas embrassée, il a juste demandé à voir son grand-père : Où est grand-papa ? Il regardait partout, il espérant voir tout à coup son grand-père.

Quand il a compris que celui-ci n'était pas avec moi, il a décidé de m'embrasser.

Nous avons pris un léger repas. Puis, Natatsha et moi, avons conversé, toute la nuit. Nous sommes allées nous coucher à 4 heures 30 du matin. Je n'ai pas dormi longtemps. Je me sentais fatiguée et très faible. Je me suis levée à 6 heures 30 du matin. J'avais dormi dans la chambre d'Elle-Camay. Les enfants étaient ravis que je sois avec eux. J'ai aidé Natatsha à coudre le costume de sa fille pour son spectacle de ballet. Elle devait aussi confectionner une robe en vue d'assister au mariage d'un de ses amis.

Quand ce fut le temps de se rendre au mariage, je suis sortie au même moment qu'elle. Nous avions convenu qu'elle me déposerait chez ma sœur Irène et qu'elle reviendrait me chercher après le mariage.

Lorsque je suis arrivée chez ma sœur, elle avait des visiteurs, deux amis que je connaissais, Était également présent mon frère Robert qui habite avec elle. C'était l'heure du souper. Nous nous sommes installés à table pour manger. Durant le souper, notre conversation portait surtout sur Haïti.

Ses invités partis, Irène m'a signalé qu'elle me trouvait fatiguée et m'a conseillé de me reposer un peu. Elle m'a invitée à coucher dans son grand lit ; comme j'avais froid, elle m'a fait mettre des chaussettes aux pieds et m'a passé un gilet pour me réchauffer. Nous avons longuement bavardé. Elle est venue se coucher à côté de moi et nous sommes endormies tout de suite. Nous nous sommes réveillées à la sonnerie du téléphone, il était alors minuit. C'était Natatsha qui appelait pour me prévenir qu'elle allait venir me chercher. Je serai restée couchée, chez ma sœur, mais ce n'était pas possible puisque le lendemain il y avait le spectacle de ballet d'Elle-Camay.

Le lendemain matin, soit le 4 juin, je me suis réveillée vers 10 heures. J'ai passé une bonne matinée calme. Nous nous sommes apprêtées à partir à 2 heures 30 pour le spectacle d'Elle-Camay. Celui-ci était a été prévu pour 3 heures 30 de l'après-midi.

Ce fut un beau spectacle de ballet classique et claquettes.

Elle-Camay avait bien performé. Après le spectacle, nous sommes allées à l'hôpital pour visiter une tante de Patrick qui était malade. Arrivée dans sa chambre, j'ai eu un choc à la regarder. Elle était méconnaissable. Pourtant, cela faisait seulement deux mois que je l'avais vue. Je ne voulais plus rentrer dans la chambre.

Je comptais sur le fait que la dame n'est pas une de mes connaissances et qu'elle n'ignorait pas que je viendrais la visiter.

Tout bien pesé, je n'ai pas regretté après coup d'être rentrée. De voir cette femme tomber si rapidement dans cet état. Cela m'a fait profondément réfléchir. Je me suis proposé la devise suivante : Il faut que je pense à moi d'abord et aux autres ensuite.

Après mûre réflexion, j'ai pris cette lourde décision. Voilà, ma décision est prise : Je n'habiterai plus en couple en Haïti avec Jacques. À mon retour dans ce Pays, je passerai deux semaines, à préparer mes bagages pour revenir définitivement à Montréal.

Jacques quant à lui, fera ce qu'il veut. Je connais son tempérament, alors je ne lui révèlerai pas un seul mot de ma décision tant que je serai en Haïti. Cette résolution m'a donné un regain d'énergie. J'ai choisi d'agir ainsi pour préserver ma santé d'abord, C'est n'est pas que je n'aime pas Haïti, mais Jacques me fait endurer trop de choses là-bas. Je garde des souvenirs très amers de tout cela.

En sortant de l'hôpital, nous sommes allés souper au restaurant. Il était temps parce que j'avais très faim et que je me sentais très faible. Nous avons bien mangé. Dès mon arrivée à la maison, je me suis couchée, prévoyant une journée chargée pour le lendemain lundi.

Le lundi 5 juin, je suis allée chez mon médecin. Ma santé l'inquiète. Il m'a envoyé passer des tests. Je ne sais pas si j'aurai les résultats avant mon départ. J'ai passé toute la journée à l'extérieur. Vu que je ne disposais pas de voiture, j'utilisais le transport en commun. J'ai fait des emplettes. Revenue à la maison, je suis sortie cette fois en compagnie de Natatsha, avec laquelle je suis allée chercher les enfants à la garderie. Nous avons passé une soirée tranquille avec eux.

Hier soir, j'ai fait un cauchemar épouvantable. Je me suis réveillée en criant : Bénissons l'Éternel ! Dans cet effrayant rêve, j'ai vu une femme qui voulait me faire du mal. Je suis restée dès lors réveillée depuis 1 heure du matin. Je ne pouvais plus dormir. Vers 2 heures 30, j'ai prié et j'ai gardé mon chapelet avec moi.

Le 9 juin 2000 — journal

Aujourd'hui, c'est vendredi. Je retourne en Haïti après avoir passé une semaine à Montréal, excessivement fatigante à cause de tous ces rendez-vous. Je me sentais épuisée, d'autant plus que je devais aider ma fille avec ses enfants.

Depuis trois jours, je n'ai pas eu le temps d'écrire. Mercredi soir, je suis allée coucher chez ma sœur. J'ai passé un bon moment avec elle. Aujourd'hui, c'est Natatsha qui est venue me déposer à l'aéroport. J'étais triste et contente en même temps, parce que je savais que je n'allais pas rester pour longtemps en Haïti.

J'ai réfléchi sur mon cas : je ne peux plus voyager comme avant, je me fatigue trop. Il faut que je prenne des dispositions pour mener une vie rangée. Tout d'abord, je vise à terminer mon livre.

Ensuite, je mettrai ma décision à exécution. Ma santé ne me permet plus de vivre dans les mêmes conditions en Haïti avec Jacques. Je ne peux plus me battre avec lui. C'est un homme qui pense uniquement à lui. D'ailleurs, il le répète sans arrêt. Il fait toujours ce qu'il veut. En ce qui me concerne, ma décision restera irrévocable.

J'ai passé malgré tout un bon séjour à Montréal. Mon seul regret est que je n'ai pas rencontré Max et sa famille. Mais nous nous sommes parlé très souvent au téléphone, et tout va bien pour eux.

Je ne sais pas quelle surprise m'attend en Haïti. Est-ce que Jacques a repris ses parties sexuelles avec sa jeune maitresse dans notre maison ?

Sixième Partie

Un dernier séjour en Haïti avec Jacques

À mon retour en Haïti, Jacques m'attendait. Vu que je comptais passer très peu de temps dans le pays, seulement vingt jours, je devais accélérer l'écriture de mon livre. Nous sommes restés encore sept jours à La Boule, juste le temps pour Jacques de terminer ses travaux de construction. Et moi, de mon côté, j'en profitais pour écrire. À cause de tous mes précédents déplacements, je me sentais épuisée, ce m'empêchait de donner mon 100 % à mon activité de rédaction.

Ma fille m'avait acheté des produits de santé naturels qui m'avaient beaucoup aidée. J'écrivais presque toute la journée, dix heures par jour. Je renais des pauses pour diner ou souper. Le soir au coucher, Jacques et moi discussions de ce qu'on devait faire le lendemain ou dans l'avenir. Cela finissait toujours par des séances de sexe. Mais, je n'avais plus envie de lui ; l'éveil que je j'avais ressenti avant de rentrer à Montréal avait disparu. J'étais obligée de faire semblant. Surtout à mon retour de Montréal, au cours de nos conversations, j'ai remarqué qu'il était toujours le même homme.

Sur tout, il prétendait avoir toujours raison. Il s'ingéniait me faire porter le fardeau de tout ce qui avait mal tourné dans notre vie de couple. Je le laissais parler parce que, de toute façon, mon projet de rupture était bien arrêté, et ce, depuis Montréal. Soucieuse de me protéger, je comptais ne le lui révéler qu'une fois de retour à Montréal. Sinon, il me ferait subir le martyr en Haïti.

Très prudemment, je lui ai proposé de suspendre la construction de la maison et la reprendre après notre passage à Montréal. Je lui ai aussi signalé que nous avions de la marchandise en surplus. En arrivant aux Cayes, nous ferions de liquider cet excédent. Il trouvait que l'idée était bonne.

Nous sommes donc rentrés aux Cayes une semaine plus tard pour appliquer le plan, En même temps, je triais discrètement les bagages que j'apporterais à Montréal, pour ne pas réveiller les soupçons de Jacques.

En quittant La Boule, j'avais presque terminé mon livre ; j'en rédigeais le dernier chapitre. Si cela s'avérait nécessaire, je le parachèverais à Montréal. À cette étape déterminante de ma vie, je tentais d'éviter tout stress inutile.

Pour la vente au rabais qui a duré cinq jours, nous avons étalé une grande partie du stock sur la galerie, étant, nous avons fermé la boutique afin de préparer notre départ. Nous avons averti nos clients que nous partions pour quatre mois. En réponse à leurs pressentes questions quant à mes intentions de retour, je leur répétais : « Oui, je reviens ; si je pars, c'est à cause d'un problème de santé. Ma fille m'a téléphoné le 24 juin pour m'annoncer que mon médecin avait appelé. Il venait de recevoir les résultats des tests. Il désirait me rencontrer le plus vite possible. Je l'ai prévenue que je rentrerais le 30 juin, et l'ai priée de me prendre un rendez-vous en conséquence.

Le 27 juin 2000, nous plions bagage. Je jubile en quittant le Cayes. Je ne veux garder aucun mauvais souvenir dans ma mémoire. Pour moi, cette partie de ma vie est déjà du passé. Je n'éprouve aucun regret. En partant, je ne retourne pas la tête pour regarder en arrière. Durant tout le trajet, je reste calme et posée. Je suis passée. Je m'arrête à Miragoâne pour dire au revoir à mon amie Nélia ainsi qu'à ma sœur et mon beau-frère. Ma sœur Claire est ravie de voir que je retourne à Montréal. Pour conclure, je suis heureuse d'en finir avec ces va-et-vient continuels. Je me suis soulagée d'un immense fardeau.

28 juin 2000 - journal

Aujourd'hui, je suis à Port-au-Prince. Je n'ai pas écrit depuis quelques jours, surtout pas dans mon livre. Je n'en ai pas eu le temps, parce que j'avais trop de choses à régler. Je suis rentrée hier, je pars pour Montréal dans deux jours. Je vais profiter de cet intervalle pour écrire un peu. Mais je suis tellement fatiguée que je me demande si je vais pouvoir écrire. Sinon, pour le peu qu'il me reste, je le ferai à Montréal.

Hier, le matin de mon départ pour Port-au-Prince, la jeune amante de fille de Jacques, m'a appelée pour s'excuser de m'avoir lancé des bêtises sur la galerie. Je lui ai affirmé que je ne l'avais pas entendue. J'avais cru qu'elle parlait toute seule.

Elle a soutenu qu'elle n'était pour rien dans toute cette affaire et que c'est Jacques qui l'avait forcée à venir coucher chez moi. Je lui ai répliqué que je ne voulais rien savoir de l'histoire. Elle pleurait au téléphone, se plaignait d'être une pauvre fille à qui Jacques avait causé beaucoup de mal, etc. Je lui ai conseillé de s'en expliquer avec lui. J'allais raccrocher quand elle a gémi : « Je vais t'envoyer mon adresse, s'il te plait quand tu seras au Canada, envoie-moi un peu d'argent. Comme ses sanglots redoublait, j'y ai coupé court en raccrochant J'avais un peu pitié pour elle. Quinze minutes plus tard, une petite fille est venue me remettre l'adresse.

J'ai beaucoup travaillé durant ces trois semaines que j'ai passées en Haïti. Je me sens exténuée, j'ai besoin de repos. En arrivant à Montréal, la première chose que je vais faire sera de me reposer. J'ai hâte de me retrouver avec ma famille parce qu'en Haïti, je ne vis pas, je survis. Ici, on relève d'abus et de problèmes.

J'étais rentrée en Haïti en croyant que Jacques était sérieux quand il m'avait affirmé qu'il m'aimait, qu'il ne pouvait pas vivre sans moi. Mais j'ai constaté qu'il se servait de moi pour atteindre ses fins. Il m'a menti. Il visait seulement ses intérêts et ses plaisirs mesquins. Dorénavant à Montréal, je vais penser d'abord à moi. Je sais qu'il s'attend à ce que je revienne vivre avec lui en Haïti. Mais pour moi, c'est fini. S'il me veut vraiment, il viendra vivre avec moi à Montréal. Et alors je ne me laisserai pas faire comme avant. Au début, ce sera difficile, mais tranquillement je prendrai ma place.

Je reconnais qu'aux Cayes, les gens du quartier étaient gentils avec moi ; je n'ai eu de problèmes avec personne. Roger, mon petit protégé, est parti chez ses parents dans l'attente de mon retour. Je n'ai pas osé lui avouer que je ne reviendrais pas.

Je l'aimais bien, ce petit bonhomme ; il est attendrissant. Je ne l'oublierai jamais. Je sais que le bon Dieu veillera sur lui. Il est content d'aller voir sa famille. Il en avait besoin. Je lui ai donné des cadeaux et de l'argent pour lui et sa mère. La servante nous a accompagnés à Port-au-Prince. Après notre départ, elle fera ce qu'elle voudra, mais je pense que Jacques veut la garder. Tout cela ne me concerne plus. Jacques est très strict envers elle, mais, c'est ainsi en Haïti. Il y a même des gens qui maltraitent les domestiques. Ce n'est pas mon genre. Je pense que c'est la dernière fois que j'écris dans mon journal en Haïti. La prochaine fois, ce sera à Montréal. Je profite des deux journées qu'il me reste à passer ici pour admirer la nature, acheter des souvenirs à ma famille de Montréal et dire au revoir à mes proches de Port-au-Prince.

Au revoir, chère Haïti. Je t'aime bien, mais actuellement, je ne peux plus rester chez toi. J'ai acquis de multiples d'expériences et j'en ai profité pour connaître la culture et le peuple. Un jour, je reviendrai. Il ne faut jamais dire jamais. Je te laisse, Haïti (30 juin 2000).

Chapitre 12

Retour définitif à Montréal

Première partie

Je rentre à Montréal le 30 juin 2000

Avant de rentrer à Montréal, j'avais converti en devise américaines le peu d'argent Haïtien qu'il me restait de mon héritage. Dès mon arrivée à Montréal, j'ai décidé d'organiser ma vie de façon à être autonome. J'estimais que c'était important de posséder une voiture. J'en ai parlé à ma fille, elle trouvait que c'était juste. J'ai résolu d'acheter une voiture avec l'argent, de l'héritage au moins j'en garderais un souvenir. Mais la montant dont je disposais n'était suffisant pour payer la voiture au complet. Mon beau-fils et ma fille m'ont accompagnée chez différentes concessionnaires pour le choix du véhicule. J'ai opté pour une camionnette Nissan beige.

J'ai versé un acompte, l'échéancier du reste étant fixé à 24 mois. J'avais mis de côté un montant pour l'assurance et l'immaculation. Tout était prêt. Je n'avais pas encore touché un mot sur le sujet à Jacques. Il devait rentrer le vendredi soir. Je lui ai réservé la surprise en allant le chercher à l'aéroport dans mon beau véhicule. En attendant son arrivée, je m'étais reposée quelque peu.

J'en avais grandement besoin avant de reprendre mon projet d'écriture.

Ma fille m'a entre-temps informée qu'elle avait déniché une personne qui pourrait me guider dans le processus de rédaction et de production du livre. Je lui avais demandé de m'accorder trois semaines pour le terminer et réviser le manuscrit avant de rencontrer mon éventuelle collaboratrice.

Le vendredi le 7 juin, je suis allée chercher Jacques à l'aéroport. Aussitôt qu'il a vu le véhicule, il m'a lancé : À qui appartient-il ? Je lui ai répondu, qu'il était à moi, que je venais de l'acheter. Il voulait savoir avec quel argent. Je lui ai tout expliqué en détail. Il a réagi par ces propos : « Demain, j'irai avec toi chez le concessionnaire pour changer l'auto. Il a ajouté que j'aurais dû choisir une voiture encore plus de seconde main, moins coûteuse et plus petite. Je lui retorqué que c'était précisément un petit véhicule de quatre cylindres et que je n'en désirais pas d'autre. Il n'a pas apprécié ma mise au sujet. De retour à la maison, je suis montée voir ma fille pour lui en parler. Elle a approuvé ma réplique : Mammy, ne te laisse pas faire, tu n'as pratiquement rien eu de ton héritage. Je trouve que tu as bien fait d'acheter cette camionnette. Il faut tenir ton bout.

Jacques et moi, occupions le sous-sol de chez ma fille. On l'avait loué de mon beau-fils. On pouvait se servir en fait de toute la maison. Le sous-sol n'était toujours pas doté d'une salle de bain.

Lorsque je suis redescendue, Jacques m'a aussitôt relancée. Il m'a tellement harcelé que j'ai fini par concéder : « Ok demain on ira chez le concessionnaire.

Nous nous sommes rendus. J'ai soumis le problème à mon vendeur. Il a accepté que je penne un autre véhicule. Mais Jacques a choisi une petite auto toute cabossée. J'ai maugréé : « Tu peux l'acheter pour toi parce que je ne me vois pas dedans. Et j'ai poursuivi : « Tu sais, mon ami, je garde ma petite camionnette. Je me débrouillerai pour la payer chaque mois. Toi, fait ce que tu veux. J'ai ensuite présenté mes excuses au vendeur tout en lui notifiant que je gardais mon véhicule.

Sur le coup, mon conjoint s'est montré contrarié ; mais je suis arrivée à le convaincre qu'en fin de compte, il valait mieux Acheter un véhicule automobile en bon état afin d'éviter des frais continuels de réparation. Je lui ai promis qu'il n'aurait pas du tout à se préoccuper des paiements mensuels de la camionnette.

Dès la deuxième semaine de mon retour à Montréal, je me suis mise à l'ouvrage pour terminer mon manuscrit et le réviser.

Durant tout le mois de juillet, je n'ai donc pas pu écrire mon journal. Et je n'avais pas beaucoup de temps de surveiller les actions de Jacques. Finalement, durant la première semaine du mois d'août, Natatsha et moi, avons rencontré la rédactrice Julie

Martino à la librairie Charters, au centre-ville de Montréal, à 18 heures.

Les connaissances étant faites, je lui ai expliqué tout en lui soulignant combien le manuscrit était précieux pour moi. Je lui ai remis les deux cahiers qui révélaient mes secrets les plus intimes. J'étais hésitante et elle s'en est aperçue. Je lui proposais, pour le moment, juste la transcription dactylographique du manuscrit. Elle a accepté de signer un engagement de confidentialité. Nous avons convenu d'un prix pour la transcription et d'une d'échéance.

Elle était censée me remettre sept copies du manuscrit transcrit, à une date bien déterminée, afin d'en faire mesurer l'intérêt par un conseil de lecteurs. Elle m'a juré qu'elle était digne de confiance et que mon manuscrit était en bonnes mais.

En la quittant, je me sentais soulagée : je sens que je vais pouvoir lui faire confiance et travailler avec elle, ai-je alors pensé. La chimie avait manifestement opéré entre nous.

Max et Natatsha se sont mis à cogiter un titre. Pour le livre, étape préalable aux démarches d'obtention de droits d'auteur. Nous devions aussi nous mettre à la recherche d'un éditeur, mais pas avant que le comité de lecteurs nous fasse part de son évaluation. L'argent, comme on le répète souvent, est le nerf de la guerre. Or, de l'argent, il ne me restait presque plus puisque j'avais à peu près tout dépensé pour jacques en Haïti. Bref, j'étais virtuellement à sec. J'arrivais cependant à payer mon loyer, ma voiture, mon épicerie et mon téléphone. Entre-temps, Jacques, lui, se montrait tout gentil avec tout le monde. Il s'amusait avec les petits-enfants, il passait de longs moments à son ordinateur et ne faisait rien d'autre. Il ne m'offrait aucune aide pour l'entretien de l'appartement. Je devais m'occuper de tout. Et le soir, il réclamait toujours des rapports sexuels.

Il a enfin remarqué que j'avais changé. Il devait maintenant insister pour obtenir sa ration de sexe. Un jour, il a ainsi abordé le sujet : « Pendant le dernier mois que nous avons passé en Haïti, tu étais très sensuelle et chaleureuse quand nous faisions l'amour. Comment maintenant es-tu devenue aussi froide ? J'ai répliqué : C'est ainsi, je ne sais pas, maintenant je ne suis plus en chaleur, c'est tout. Et j'ai ajouté : Surtout ces jours-ci, je suis très occupée par mon livre. Je dois faire tout ici, et en même temps, je dois aider Natatsha avec son entreprise de coiffure. Il faut que je puisse trouver de l'argent pour la publication de mon livre. Il n'a pas aimé ma petite sortie. Pour lui, il fallait que je sois toujours prête pour satisfaire ses envies. Or, de mon côté, je n'avais pas oublié ce qui s'était passé en Haïti.

Nous étions à la mi-août. Ma fille jugeait qu'avec les enfants à la maison, il devenait difficile d'y exploiter un commerce de coiffure. Elle a trouvé la solution : Acheter une place ou louer une chaise ? Dans un salon de coiffure pour pouvoir travailler à l'extérieur de la maison.

12 août 2000 - journal

Natatsha a acheté son salon, elle s'est associée avec une autre coiffeuse, chacune ayant son propre commerce. Elle a signé les papiers ce matin. Elle est fière. Elle mérite de l'être. Je l'ai félicitée parce qu'elle travaille beaucoup

Elle est heureuse. Dans l'après-midi, je suis allée avec elle chercher les clefs. J'ai visité le salon. Je pense qu'elle a fait une bonne affaire. J'ai rencontré son associée. Elle a l'air d'une bonne personne. Elles vont être bien ensemble.

De retour chez moi, le soir venu, je suis montée chez elle. Je l'ai trouvée plus détendue. Ma question a été directe : Et puis, comment ça va ? Sa réponse m'a réjouie : « Je me sens boss et fière. J'ai ma place et je suis contente. Elle a ajouté cette précision : ce n'est qu'un début.

Deuxième partie

Une expérience sur un plateau de tournage
Ou Une expérience au cinéma

Vers la fin du mois d'août, Natatsha a obtenu un contrat dans le tournage d'un film américain. On l'avait engagée comme styliste. Elle a sollicité mon aide pour des questions de mode. On s'est aperçu qu'il manquait un coiffeur. On l'a engagée aussitôt comme coiffeuse et moi, j'ai travaillé à titre de styliste. J'ai bien aimé cette expérience. L'acteur principal était Erick Robert. C'est moi qui devais refaire ses habits selon la façon dont il aimait les porter. Je prenais avec précision ses mesures afin de reconstituer l'habit à son goût. Je le voyais très souvent. Il se montrait très gentil et respectueux avec moi. J'habillais également d'autres acteurs et actrices. Je n'oublierai jamais cette expérience.

Jacques, quant à lui, avait trouvé un emploi comme livreur de courrier pour des banques (Dicom). Il s'en tirait très bien. Mais il me demandait quelquefois de l'accompagner à son travail. J'acceptais juste pour l'inciter à le garder. Il suivait un horaire en somme assez court : le matin de 5 heures à 8 heures et le soir de 21 heures à 23 heures. Je l'accompagnais surtout le soir quand il allait chercher le courrier à l'aéroport de Dorval pour le livrer à la place Bonaventure. Ces courses me permettaient de me balader un peu. Quand Jacques a commencé à faire de l'argent, tout se passait bien pour lui. Il économisait son salaire pour retourner en Haïti. Il ne dépensait presque rien pour l'appartement. Il déboursait le strict nécessaire

Un jour, nous avons tenu une longue discussion sur le sujet du retour en Haïti. Il me soutenait que nous devions économiser en vue de ce retour. Je lui répétais que je ne remettrais plus les pieds en Haïti. Ma priorité était d'assurer la publication de mon livre.

Il m'a lâché : Eh bien, ma chère, Je garde mon argent pour retourner là-bas ! Tu t'arrangeras. J'ai tout de suite compris qu'il ne m'aiderait pas. Je n'ignorais pas qu'il avait amassé un bon montant. Je lui ai demandé de m'en prêter une partie. Il a ri de moi en ces termes : Tu penses que je vais te donner mon argent pour investir dans un livre ? Tu te trompes. Va voir ailleurs. Sur le coup, je n'ai pas répliqué. Je savais à quoi m'attendre. Dire que j'ai dépensé tout l'argent de mon héritage pour payer ses imprévoyantes dépenses en Haïti. Depuis ce jour, je ne tenais plus pour acquis ce qu'il me racontait.

Plus il gagnait de l'argent, plus il devenait arrogant et vulgaire envers moi. Il s'était remis à provoquer d'inutiles disputes. Bref, il était retombé dans ses détestables habitudes. En fait, il agissait toujours ainsi lorsque son portefeuille était bien garni, il rentrait dans la peau d'un autre personnage.

Je le laissais faire pour ne pas aggraver la situation. Mais plus les jours avançaient, plus je ressentais de l'amertume envers lui. Il guettait tous mes fait et gestes.

Sur le plan sexuel, je ne contrariais pas ses fantaisies. Je n'avais plus envie de me battre contre lui. Il arrivait qu'en faisant l'amour avec lui, j'aie mal au cœur, tellement je n'avais plus envie de lui.

Nous étions au mois de décembre. J'étais devenue anxieuse et angoissée. Voici ce que j'ai écrit dans mon journal à ce sujet.

Journal - 6 décembre 2000

Depuis quelques jours, je ne sais pas ce que j'ai, surtout aujourd'hui. Je tourne en rond dans l'appartement. Pourtant, j'ai beaucoup de choses à faire. Il est 11 heures 30 du matin. Jacques dort encore. Je suis comme une personne en attente d'un événement ou de quelque chose. Je ne sais pas quoi. Je pense que c'est de l'angoisse.

Avant-hier soir, il était en train de faire l'amour avec moi.

Quand il m'a pénétrée, quelque chose m'a fait mal à l'intérieur de moi. C'était très douloureux. Je n'en pouvais pas. Je sentais que je ne voulais vraiment pas de lui. Mais je fournissais des efforts pour qu'il ne s'en rende compte, parce que je redoute sa réaction, quand j'avoue que ça fait mal. Mais j'ai quand même crié, ce qui lui a déplu. Il a tout laissé tomber. Il a usé de son ironie habituelle, juste pour me faire sentir plus mal. Il me tournait en ridicule.

J'ai définitivement cru que c'était un homme malade. Qu'il éprouvait du plaisir à de faire mal à sa femme, un sadique. Il paraît qu'il avait fait beaucoup de mal à la jeune fille des Cayes. C'est en tout cas ce qu'elle m'a affirmé avant mon départ pour Montréal. Je pense que tout cela lui manque. Il m'avait infligé tellement de méchancetés sexuelles, par le passé. Maintenant, je ne me laisse lus faire. Et il n'en est pas contant. Il tente de manipuler en insinuant que je commence à vieillir, que je ne peux plus participer à de rudes jeux physiques. Et moi de répliquer : « Merci du compliment ; c'est tout à fait cela. Qu'il fasse ce qu'il veut, je refuse de mourir avant le temps.

Je ne cherche pas à nourrir de la haine à son égard. Mais au fond de moi, je sais que je ne l'aime plus et que je n'irai plus jamais habiter en Haïti avec lui. Pour le moment, je me concentre sur mon livre, en gardant l'esprit clair.

Troisième partie

Noël à Montréal, en l'année 2000

Durant le mois de décembre, J'ai été extrêmement occupée et j'ai vécu de nombreux évènements. Mais je n'ai pas encore eu l'occasion de les décrire. J'ai droit à un répit et je profite d'une pause. Je les ai quand même évoqués dans mon journal. Que voici.

Journal - 30 décembre 2000

J'ai été très prise durant le mois de décembre. Julie, ma correctrice-réviseure, m'avait remis sept copies de transcription de mon manuscrit, j'en ai distribué six aux lecteurs-conseillers, parmi lesquels mon fils et ma mère adoptive sœur Berthe. J'en ai gardé une copie pour moi. Je devais le relire et effectuer des ajouts.

Mais conseillers disposaient d'un mois pour lire mon texte et émettre leurs commentaires. Entre-temps arrivait la semaine de Noël. Je suis allée prêter main-forte à ma fille à son salon de coiffure. La veille de Noël, j'ai assisté à la messe de minuit à l'oratoire Saint-Joseph avec Natatsha, Patrick et leurs enfants. Jacques n'a pas voulu venir. J'ai aimé la cérémonie. Je me sentais bien parce que cela faisait trois ans que je j'avais manqué la messe de minuit à Noël.

Nous avons réveillonné en famille jusqu'à 4 heures 30 du matin. Les enfants ont déballé leurs cadeaux. La scène m'a rappelé l'époque où ma fille te mon fils ouvrait les leurs cadeaux chez nous. Le jour de Noël, je l'ai passé chez moi tranquillement avec Jacques.

On nous avait invités à une fête de l'association des Cayes. Nous n'y sommes pas allés. J'étais trop souffrante avec mon côté gauche. J'ai donc choisi plutôt de me reposer. Depuis quelques jours, cela allait d'ailleurs mieux avec Jacques. Mais je continuais quand même de faire attention.

Le 26 décembre, nous sommes allés chez Max. Nous étions réunis, Natatsha étant présente avec sa petite famille. Nous avons passé un jour de l'An assez tranquille. Je me suis rendue chez ma sœur et mon frère pour leur souhaiter la bonne année.

Jacques ne m'avait pas accompagné cette fois-là. À mon retour, il me regardait comme une personne qui voulait me faire sentir coupable. J'ai fait mine de ne rien remarquer.

Nous abordons de l'année 2001

C'est l'hiver. Il fait froid. Bien que Jacques ait mal à son bras accidenté, il continue de travailler quand même. Parce qu'il a décidé de partir pour Haïti, durant le mois de janvier. Il calcule qu'il passera au moins une partie de l'hiver au chaud. Il prévoit prendre l'avion le 14 février 2001. Il compte rester là-bas pour un mois. Cela va lui faire du bien et à moi surtout. Je disposerai de beaucoup plus de temps pour faire les ajouts dans le manuscrit. Vers le 10 février, mon beau-fils tombe malade. Jacques est obligé de le remplacer durant une semaine. Il doit travailler de 3 heures du matin jusqu'à 8 heures. Pour l'encourager, je lui tiens compagnie. Il effectue en plus son propre quart du soir. En réalité, ce n'est pas vraiment fatigant, le jour, il ne travaille pas. Il s'occupe alors de ses affaires personnelles.

Quand c'est arrivé le temps de partir pour Haïti, il a demandé un congé au patron. Ce dernier a refusé. Jacques a prétendu qu'il avait un décès dans sa famille. Le patron a alors accepté de lui accordes deux semaines. Or le séjour de Jacques devait durer un mois. Il est parti quand même. Bien qu'il ait appelé pour justifier son absence, on l'a remercié à son retour, le 17 mars.

Entre-temps, je travaillais intensément sur mon manuscrit avec la correctrice-rédactrice. Nous nous rencontrions une ou deux fois par semaine. Et j'ai passé la fin de semaine du 12 mars 2001 chez ma sœur.

Voici ce que j'ai écrit dans mon journal pendant cette de semaine.

Journal - 12 mars 2001

J'ai passé la fin de semaine avec ma sœur et mon frère Robert. Elle et moi, nous sommes allées au salon de l'habitation, nous avons connu une très belle journée. J'ai aimé la fin de semaine parce que j'ai pu noter comment ma sœur et mon frère étaient heureux de ma présence avec eux. Nous avons parlé de tout et de rien, mais surtout d'Haïti.

Jacques revient d'Haïti la semaine prochaine. Depuis que nous sommes retournés à Montréal, j'essaie de vérifier si notre couple peut fonctionner avec des hauts et des bas. Durant son absence, je me suis reposée et je suis sortie un peu parce que je n'en avais guère le temps, quand il était à la maison.

Je continue mon récit

La maladie de ma fille 2001

Au début du mois de mars, Natatsha a commencé à voir mal au cou, ce qui l'a conduite à l'hôpital. Il s'est agi tout d'abord d'une une infection. Elle avait remarqué une bosse au côté droit de son cou et les médecins ont diagnostiqué des ganglions. Elle a passé une semaine en convalescence.

Juste avant sa maladie, elle avait connu une dure semaine de travail. Son état m'inquiétait beaucoup. Vers le 28 mars, je l'ai amenée à l'hôpital. Le spécialiste l'a gardée pour une opération. Il m'a confié qu'il comptait faire une biopsie pour déterminer son état. L'opération a duré trois heures. On l'a retenue pour la nuit à l'hôpital. Dans l'intervalle, je prêtais assistance à Patrick à la maison, pour les enfants. Le matin, il les a conduits à la garderie, et l'après-midi, je suis allée les chercher.

En fin de compte, la biopsie n'a rien révélé de particulier. Le spécialiste tenait à réaliser d'autres examens parce que le cou de ma fille continuait de gonfler et qu'elle avait de la température. Natatsha, quant à elle avait hâte de partir. Elle ne pensait qu'à retourner travailler. « Ta santé avant tout ! lui conseillais-je. Elle faisait du va-et-vient à l'hôpital. Elle devenait très faible. Et je m'alarmais pour elle. J'ai prié Dieu de la protéger parce que les enfants avaient besoin de leur maman. Au bout d'une semaine, elle avait l'air d'une mourante. Le personnel médical ne comprenait pas cette maladie, d'autant moins que tous les tests s'étaient révélés négatifs.

On a fait chercher son dossier de naissance à l'hôpital Notre-Dame pour pousser l'investigation. Natatsha avait signalé à un médecin qu'elle était née anémique à sa naissance, qu'elle avait été obligée de rentrer à l'hôpital un mois après en raison d'une forte fièvre, et qu'elle en était sortie au bout de deux mois. On avait donc jugé bon de consulter l'ensemble de son dossier.

Un soir, elle a fait un rêve dans lequel apparaissait mon défunt père. Le lendemain, elle se sentait bien et n'avait plus de température. La journée d'après, les médecins lui donnaient congé. Depuis ce jour, tout est sur beau fixe, mais elle surveille sa santé.

Sa maladie avait causé beaucoup de peine à Patrick. Lui comme moi ne pouvions plus cacher notre tristesse. Nous nous étions fait un câlin en appelant de tous nos vœux sa guérison. Et Jésus nous a exaucés. Elle s'est reprise tranquillement. Nous étions heureux qu'elle se soit remise sur pied. J'en remercie Dieu mille fois.

Les initiations entreprises

L'état de santé de Natatsha avait retardé tous ses projets. La fin du mois de mai approchait. J'ai repris mes activités. Natatsha aussi a repris son travail. Maintenant je lui prêtais beaucoup plus souvent assistance à son salon. En même temps, elle et mon fils s'occupaient de la première de couverture du livre.

Elle commençait à s'activer pour le lancement. Nous nous sommes réunies avec Julie pour planifier les étapes à suivre. J'ai prié celle-ci de s'informer au sujet de mon inscription éventuelle à un cours sur l'édition. C'est qu'entre-temps, je me heurtais des refus d'éditeurs nullement intéressé à publier l'autobiographie d'une inconnue. J'ai effectivement suivi le cours. Celui-ci m'a fournie de tous les atouts essentiels à la réalisation de mon projet.

Jacques de son côté repartait pour Haïti le 16 juin 2001.

Mais, absorbée dans mes démarches de publication, je ne me suis même pas aperçue de son absence.

La veille du 24 juin 2001, Natatsha et Patrick et les enfants sont partis à la campagne pour un séjour de trois jours. Je suis allée pour ma part, chez ma sœur. Je me trouvais aussi plus proche de l'église Saint-Jean-Baptiste située à la rue Rachel, près de la Saint-Denis. Ma sœur, je le rappelle, habite à proximité, à la rue Mentana. J'étais contente de vivre et de partager une foi de façon toute familiale.

Mon séjour chez Irène s'est révélé très agréable. À propos, j'aimerais relater l'anecdote qui suit. Un jour, ma sœur a remarqué une coccinelle sur l'un des arbres de sa cour. Nous n'avions jamais imaginé un insecte de cette taille. Elle était de couleur jaune à pois noirs. J'ai aussitôt conseillé à ma sœur d'avertir la ville pour qu'on vienne la prendre, Ce qu'a été fait. Mais les employés municipaux ont eux aussi étonnés de la grosseur de l'insecte. Au point qu'ils comptaient le faire examiner au laboratoire. Un incident vraiment troublant et des plus mystérieux. Pour moi, tout cela reste un mystère. J'y ai pensé durant toute la soirée.

La garde de mon petit-fils.

Ce soir, je suis chez Max et Yole. Je suis venue garder mon petit-fils Isaiah, ses parents ayant dû s'absenter pour assister au mariage d'une des sœurs de Yole.

Je suis arrivée chez mon fils à 16 heures 15. Isaiah faisait la sieste. À son réveil à 6 heures 30, je lui ai servi son souper. Vers 20 h, je lui ai donné son bain et je l'ai couché. J'ai chanté pour lui, ce qu'il a beaucoup aimé. Durant la soirée, lui et moi avions joué un peu. Il est d'un naturel très calme. C'est un mignon petit garçon. Il n'a pas pleuré du tout durant la soirée. J'étais pour ma part bien contente de passer ce moment avec mon petit-fils, parce que je suis toujours avec les enfants de ma fille Natatsha. Je dois apprendre à le connaître lui aussi.

Je ne sais pas si je vais rester à coucher ici, cette nuit. Tout dépendra de l'heure où ils seront de retour. Mais j'aimerais plutôt dormir dans mon propre lit. On verra bien.

Journal - 9 juillet 2001

Aujourd'hui, je suis allée faire des courses avec ma sœur au centre-ville. Nous nous étions donné rendez-vous au métro McGill.

Nous avons été à La Baie pour acheter des produits de beauté Fashion Fair et des vêtements, parce que je suis invité à un mariage le 14 juillet, celui d'une amie d'enfance de Natatsha.

Nous ne nous sommes pas attardées à la Baie, parce que notre ami Dédé, avait promis une visite à ma sœur.

Dès notre retour nous avons commencé à préparer un souper qui sera très simple. Du riz et des fèves de Lima avec du poulet grillé commandé chez le Portugais. Nous avons aussi apprêté une bonne salade.

Quand Dédé est arrivé, il a soupé avec nous et mon frère. Ma sœur, Dédé et moi, avons pris toute une cuite ! Nous avons vidé trois bouteilles de vin. J'étais soûle. Nous avons parlé de tout et de rien. Quand je me suis levée, je me déplaçais en trébuchant. C'était comique à voir. Nous avons ri, cela nous a fait du bien.

Ce soir-là, je suis restée à coucher chez ma sœur. Le lendemain samedi, je suis retournée chez moi. Dès mon arrivée, le téléphone a sonné. C'était Jacques qui m'appelait d'Haïti pour me donner de ses nouvelles. Je lui ai raconté un peu ce que je faisais de mes journées. Il m'a parlé de la chaleur qu'il faisait en Haïti, de la cherté de la vie, etc.

Le lendemain dimanche, je suis allée me promener à Saint-Sauveur avec Natatsha, Patrick et leurs enfants. Nous avons fait des courses. Mais j'ai aussi réalisé un rêve que je caressais depuis 1970 à New York : celui de monter en calèche. Mon beau-fils nous a payé une promenade. Eh oui ! notre petite famille s'est promenée en calèche dans les rues de Saint-Sauveur.

Les enfants étaient ravis et excités. J'étais aux anges. J'ai remercié Patrick en ces termes : tu as réalisé un de mes rêves. Ma confidence lui a fait plaisir. Nous sommes retournés chez nous radieux.

Nous avons promptement préparé le souper. Durant tout le repas, nous étions très animés et enchantés de notre journée. J'ai passé une fin de semaine exceptionnelle.

20 juillet 2001
Natatsha et Patrick vont en voyage
Je gardais les enfants de ma fille

Aujourd'hui est vendredi. Je me réveille à 8 heures ce matin, avec les deux petits enfants de Natatsha et Patrick dans le même lit que moi. C'est le bonheur.

Natatsha et Patrick sont partis hier, le 19 juillet, à Cuba. Ils sont partis pour une semaine. Je les ai conduits à l'aéroport hier à midi en compagnie des enfants. On avait le cœur serré. Mais je sais qu'ils le font pour leur bien, surtout Natatsha, elle a besoin de repos. Les deux jeunes parents éprouvent un peu de peine, parce que, c'est la première fois qu'ils se séparent de leurs enfants. Au retour de l'aéroport, les enfants me posent beaucoup de questions. Elle-Camay me confit qu'elle va prier le petit Jésus pour que les méchants ne fassent pas de mal à leurs parents.

Nous nous rendons ensuite chez ma sœur. De là, je les emmène au parc Lafontaine, situé à proximité, pour les consoler.

Elle-Camay désire aller à son magasin préféré, le Magasin d'un dollar. Je lui promis que ce sera pour demain.

À notre retour chez nous, après les avoir couchés chacun dans leur chambre, je descends chercher mes oreillers parce que je dormirai dans la chambre de ma fille et que, je ne peux pas laisser les enfants tout seuls à l'étage. Je suis seule avec eux, Jacques était encore en Haïti.

Nous avons passé une bonne nuit. Mikaël a fait un cauchemar. Vers 2 heures du matin, il vient se coucher à côté de moi. Il m'indique qu'il n'a pas pu dormir. Il me parle de sa maison et de son papa. Je lui murmure : Il faut dormir si tu veux que tout se passe bien pour eux là-bas. Je réussis à le consoler et il s'endort.

Vers 6 heures, Elle-Camay vient nous retrouver dans le lit.

Elle a encore le sommeil dans les yeux. À 8 heures 30, nous sommes réveillés, nous déjeunons. Puis nous faisons le lit ensemble ; nous mettons de l'ordre dans la chambre. Je les lave et je les habille. Vers 10 heures 30, j'appelle mon fils Max, il nous invite à venir chez lui. Nous en profiterons pour aller à la piscine avec son fils. Elle-Camay et Mikaël expriment leur joie en apprenant la nouvelle.

Journal

Au parc non loin de chez Ma

Je suis au parc à côté de chez Max à la rue Sherbrooke Ouest, coin Park Row East. Les enfants, Max et Yole se baignent dans la piscine. Moi, je suis assise par terre au-dessous d'un arbre, pour écrire. Je les regarde, je vois le plaisir qu'ils ont d'être ensemble.

Je jubile pour eux et je remercie Jésus de m'avoir donné la chance de voir mes petits-enfants et surtout de contempler leur joie d'être avec moi. Je me sens comblée. C'est une richesse. Ce sont mes amours, eux et leurs parents. Je les aime beaucoup. C'est à cause d'eux que je veux écrire ma vie pour leur laisser un souvenir et éviter qu'ils reproduisent mes erreurs.

Nous soupons chez Max. Nous avons passé une bonne journée et tout le monde était plein de gaieté.

Je continue mon récit

Durant l'absence de Natatsha et de Patrick, j'ai eu beaucoup à faire avec les enfants. Il fallait que je me repose avant de reprendre mes activités personnelles. D'autant plus qu'en septembre, je commençais mon cours sur l'éditeur. Nous étions à la fin du mois de juillet. Je comptais prendre mes vacances avant l'arrivée de Jacques au mois d'août. Sinon, je ne trouverais jamais de temps pour me reposer. J'en ai parlé à Natatsha. Je lui ai annoncé que j'irais à New York, le 19 juillet, pour une semaine. J'ai pris la décision sans en informer à Jacques, parce qu'il m'aurait certainement interdit de faire le voyage.

J'ai décrit dans mon journal le déroulement du voyage de même que mon séjour à New York.

Journal 29 juillet 2001
Déroulement du voyage

Il est 14 heures 30. Je suis dans l'autocar voyageur de Rabaud en direction de New York. J'y vais pour un séjour d'une semaine. C'est la première fois que je voyage dans cet autocar. D'habitude, j'effectue le trajet en voiture ou dans un véhicule de Greyhound. Cela faisait trois ans que je n'étais pas retournée à New York. Autrefois, je n'y rendais très souvent avec Jacques et les enfants quand ils étaient jeunes.

J'aime voyager en avion, en voiture ou en autocar. Je voyageais au moins trois ou quatre fois par année, et même plus.

Mais depuis un an, après mon retour d'Haïti, j'ai fait un arrêt. Je me fallait cette pause pour pouvoir me stabiliser, penser à moi et me concentrer sur mon livre.

Jacques prétendait toujours que nous ne pouvions pas aller à New York, parce qu'il avait besoin d'argent pour retourner en Haïti. Mais moi, j'en avais et son excuse ne tenait pas. Cette fois-ci, je me suis décidée, j'ai fait ce que j'ai jugé bon pour moi. Je sais qu'à son retour, la situation ne sera plus pareille. Je m'y suis préparée.

Nous sommes arrivés à la frontière canado-américaine au magasin hors taxe. Le chauffeur et son assistant nous ont donné 15 minutes pour magasiner ou aller aux toilettes. Je suis restée dans l'autocar.

Le chauffeur a démarré sans prendre la peine de compter les passagers. Il a oublié une dame et deux enfants. Par chance, il y avait un autre autocar. Ils sont venus nous rejoindre au poste de contrôle.

A poste de contrôle, tout le monde descend de l'autocar pour la vérification à l'immigration Américaine. Je suis allée aux toilettes pour deux minutes.

Quand j'ai voulu remonter dans l'autocar, il n'était plus là !

Le chauffeur m'avait laissé à la frontière. Un autre autocar attendait des passagers. Je me suis adressée au chauffeur : Où est le bus qui était ici. Il m'a répondu : « Il est parti. Si tu veux, viens avec moi. Je vais le rattraper à Baltimore. J'ai accepté son offre. Je suis montée m'asseoir dans l'autocar.

Je craignais de perdre ma valise qui se trouvait dans le premier véhicule. « Que se passera-t-il, pensais-je, si nous ne parvenons pas à le rattraper à Baltimore ? Il se rendait à Brooklyn, et moi à Queens. Son chauffeur était un homme de petite taille, d'origine haïtienne, parlant le créole et l'anglais. Il était excessivement arrogant. La plupart des passagers considéraient son comportement comme nom professionnel. Le chauffeur du deuxième autocar, au contraire, était in Québécois dit « pure laine , extrêmement prévenant. Il se montrait souple et patient envers les voyageurs, particulièrement les personnes âgées et les enfants qui retournaient fréquemment aux toilettes.

La suite

Il est 6 heures du soir, je suis encore sur la route menant à New York. Je ne dors pas. Je fais un peu de lecture et j'observe les faits et gestes des passagers. De temps en temps, je regarde le paysage. J'ai beaucoup de chose dans la tête, je vais profiter du voyage pour écrire.

Depuis le départ de Jacques en Haïti, les moments que j'ai passés avec mes enfants et mes petits-enfants m'ont beaucoup changé. Je suis devenue plus calme, plus raisonnée. Je pense beaucoup à moi et à la façon de vivre ma vie. J'aide un peu ma fille à son salon de coiffure. Je rencontre d'autres gens, et je me rapprochée de ma sœur. Malgré tout, j'avoue que je pense encore à Jacques. Pas comme autrefois, cependant, et je prie beaucoup pour arriver à savoir comment vivre seule, Jacques était souvent absent et moi très occupée au lancement de mon livre. Il faut que j'apprenne à apprivoiser ma solitude.

En fait, je n'aime pas être seule et je cherche une solution de rechange. Il me faudra examiner attentivement ce côté contraignant de mon caractère et prier pour que Dieu me prête secours.

Retournons au récit du voyage

En arrivant à Baltimore, j'ai trouvé le premier autocar. J'y suis montée après avoir remercié le chauffeur qui m'avait dépannée. Même si j'avais faim, je n'ai pas osé descendre de l'autocar pour aller acheter quelque chose à manger ; je craignais que le chauffeur haïtien m'oublie encore une fois. Un Monsieur d'un certain âge assis à côté de moi m'a donné un sandwich et une bouteille d'eau. C'est donc grâce à lui que j'ai eu accès à un peu de nourriture. Je me suis alors appelé que ma sœur Irène m'avait déconseillé de voyager dans les autocars de Rabeau. Mais j'avais ignoré se mise en garde.

Quand je suis remontée dans l'autocar, je n'ai pas reproché au chauffeur de m'avoir abandonnée à la frontière. Je ne voulais surtout plus avoir de problèmes avec lui. Il était très grognon. Mais finalement, tout s'est correctement terminé. Et j'ai bien profité de mon voyage.

Journal - 3 août 2001

Mon séjour à New York

Il est midi, je suis seule à Queens (Rosedale) chez Addely. Sa sœur Dedzye est venue me conduire chez elle en attendant mon départ pour Montréal. Je ne pouvais pas plus longtemps rester chez tante Dadia parce que celle-ci était invitée à un congrès charismatique et que sa plus jeune fille retournait à son travaille. Je passerais donc ces quelques heures chez ma cousine jusqu'à mon départ pour Montréal, à 21 heures. Je profite ce moment livre pour raconter mon séjour chez tante Dadia à New York.

Ce fut une semaine très agréable. Dès mon arrivée le soir du dimanche 29 juillet, j'ai fait cette prière : Jésus, merci pour le voyage ; fais aussi, je t'en prie, que mon séjour se passe bien. Cela faisait quatre ans que je n'avais pas vu tante Dadia ni ses deux filles et son fils Claudy.

Comme par les années passées, elle avait mis sa chambre à coucher à mon entière disposition, j'y dormirais seule, avait-elle décidé. Ma petite prière terminée, je me suis aussitôt endormie parce que le voyage m'avait épuisée. J'ai passé une bonne nuit. Je me suis levée à 7 h du matin, qu'il était prévu que J'accompagne tente Dadia à l'église, la messe étant fixée pour 8 heures 30 du matin.

À ma sortie du lit, je me suis préparée et nous sommes parties. J'étais enchantée de me revoir chez elle. Elle était restée le même. Même la maison était restée identique. À une différence, la cuisine et les toilettes avaient été rénovées.

C'est avec plaisir que je viens à l'église Sainte-Ros-de-Lima parce que, pendant la semaine, la messe se dit à la petite chapelle et qu'il y a l'exposition du Saint-Sacrement avant et après la messe.

Durant mes cinq jours passés à New York, j'allais à la messe tous les matins avec tante Dadia. Nous restions ensuite une heure pour l'adoration. À la maison, nous récitions le chapelet de la miséricorde tous les jours à 3 heures de l'après-midi. Ces moments me faisaient du bien. Nous sommes allées passer une journée chez sa fille aînée Addely, Nous attendions la livraison d'un colis pour elle et son mari, ceux-ci ne pouvant s'absenter de leur travail.

J'aimerais ajouter que Addely était à ce moment-là enceinte.

Pour l'aider un peu, nous avons fait un grand ménage dans la maison. Le ménage terminé, nous nous sommes assises dans la salle d'attente pour causer et regarder la télévision. Nous avons parlé de nos joies et de nos peines passées. Surtout des siennes, tante Dadia était séparée de son mari. Nous avons ri, pleuré et prié. Cela nous avait fait du bien de nous défouler un peu.

Le mardi 31 juillet, Jacques m'a téléphoné d'Haïti. C'est tante Dadia qui a répondu. Il lui a parlé bêtement. Celle-ci m'ayant passé l'appareil, j'ai salué calmement Jacques. Il m'a crié de grossiers propos. Il était très fâché de mon voyage à New York. Il m'a lâché : Tu es partie à New York, alors que je suis en Haïti. J'ai besoin d'argent pour me rendre aux Cayes. J'espère que tu ne t'es pas servie de mon argent pour ton voyage de folie. Je l'ai informé que j'avais confié son argent à Natatsha. Je demanderais à celle-ci de lui faire un transfert. Je désirais savoir à quelle adresse envoyer l'argent. Il caquetait sans arrête, au point que je pouvais plus placer un mot. À un moment donné, sa carte d'appel était expirée. J'ai chargé ma fille de lui faire un transfert à Port-au-Prince. Cette question était désormais réglée. Jacques est un homme très impertinent. Je ne touche jamais à son argent et je ne lui en demande pas non plus.

Il ne m'a pas rappelée ; c'est la preuve indirecte qu'il avait reçu l'argent. Je sais qu'il doit rentrer d'Haïti le 11 août. Je n'ai pas hâte à son retour, parce que physiquement et moralement, je n'y suis pas prête. Mais, que voulez-vous ! Tante Dadia avait invité une amie à venir passer quelques jours chez elle. La veille de son arrivée, nous avons tout nettoyé en vue de bien la recevoir. Nous avons aussi fait une épicerie complète. À la fin de la journée nous étions complètement épuisées.

Je ne sais vraiment pas où tante Dadia prend toute cette énergie à son âge. Elle a 67 ans, on lui en donnerait 50. En l'observant en plein cation, on la rajeunirait même jusqu'à 25 à 30 ans. J'arrête pour l'instant d'écrire, Addely et son mari sont de retour du travail.

Chapitre 13

Je rentre à Montréal

Tout s'est bien passé durant mon voyage de retour à Montréal. Cette fois-ci, le chauffeur était extrêmement correct, il connaissait très bien son travail. J'étais partie à New York en vue de me reposer, en fin de compte, je ne me suis pas reposée. Mais cela m'a fait quand même du bien d'effectuer ce déplacement. J'ai pu voir les membres de ma famille, ce qui leur a beaucoup plus. J'ai aussi profité d'un environnement différent qui m'a vraiment emballée.

Dès mon retour à Montréal, j'ai eu l'impression que tout allait de travers. Je me sentais encore fatiguée. Jacques était revenu le 11 août. Je n'avais pas une minute à moi. Je ne saisissais pas pourquoi je voyais tout différemment.

Voici ce que j'ai écrit dans ces circonstances le 28 aout.

28 août 2001

Il est 3 heures 30, je n'arrive pas à dormir. Tout bouillonne dans ma tête. Mon mari Jacques est revenu très amaigri et lessivé d'Haït. Il continue quant à travailler et à s'abîmer. Et il est toujours de mauvaise humeur.

Il n'écoute pas mes conseils. Ma fille Natatsha elle non plus n'arrête pas de travailler, bien qu'elle soit malade. Son mari travaille juste un peu ; il n'a pas encore trouvé un emploi. La petite Elle-Camay commence l'école ce matin. Les enfants ne sont pas encore baptisés. Et il y a Max dont la femme est enceinte et qui se plaint toujours de fatigue. Elle déplore que son petit garçon ne dorme pas le jour. Et enfin mon propre cas : j'ai besoin de financement pour mon livre. Je ne sais à qui m'adresser ; pourtant, je pressens que quel qu'un va m'aider. Je ne sais pas comment l'aborder. Je pense déjà aux futures réactions des lecteurs après qu'ils auront lu mon livre, aux critiques positives ou négatives, etc. J'ai la sensation que ma tête va éclater. Je prie Dieu de m'aider.

Parfois, j'ai envie de tout annuler, quelques minutes plus tard, je me raisonne : Non, Enice, ne fais pas cela. C'est important. C'est un rêve que tu as toujours voulu réaliser et tu as toi-même maintenu que tu veux que ce livre aide les gens. Alors, ne lâche pas. Mais à part mes enfants, sœur Berthe, mon frère villard et Patrick, je ne récoltais pas beaucoup d'appuis. Mes amis, auditeurs, interlocuteurs ne me prenaient pas au sérieux, Même Jacques ne m'encourage pas beaucoup. J'étais triste et lasse.

D'ailleurs, depuis mon retour de New York Je n'avais plus l'envie d'écrire. Je me sentais trop déprimée pour le faire. De plus, j'étais perturbée par la présence de Jacques. Je n'avais plus une minute à moi. Je devais sans cesse m'occuper de lui. Par-dessus tout, il ne ratait jamais sa portion de vitamine le soir et parfois le matin : le sexe. Même-si je n'étais pas disposée, il se servait quand même. Le sexe était devenu son jouet préféré.

Bon, je vais essayer de dormir un peu parce que je dois me réveiller à 6 heures 30 pour préparer le déjeuner et le lunch de Jacques.

Je continue mon récit

Entre-temps, la vie continue. Nous sommes au mois de septembre 2001. Je reprends mes activités quant à mon livre. Je dois commencer à suivre mon cours d'éditeur ce mois-ci. J'ai hâte parce que j'ai beaucoup à apprendre pour la publication. Je recherche aussi un bon correcteur pour la dernière correction de l'ouvrage. Je termine bientôt la rédaction de l'épilogue et de la préface.

Le 11 septembre 2001, je me trouvais avec Jacques dans la cuisine. Nous étions en train de déjeuner et regardions la télévision en même temps. Tout à coup, Je vois un avion pénétrer dans un gratte-ciel : Regarde quelque chose qui se passe à la télévision, fais-je à jacques. Il me répond : Tu l'as vu, toi aussi. J'enchaîne : C'est peut-être un extrait d'un nouveau film. Au même instant, j'entends aux les nouvelles qu'un avion vient de foncer dans un édifice, un tour à Manhattan. Quelques minutes plus tard, un deuxième avion.

Ce jour-là, j'ai suspendu toutes mes activités. J'ai passé une mauvaise journée. Je pensais aux personnes présentes dans les tours et à leurs familles. Ce fut une bien sombre journée. Je ne l'oublierai jamais.

J'ai suivi mon cours durant le mois d'octobre. Je n'ai pas eu de temps pour écrire. J'étais trop prise.

Un beau jour, un ami m'a recommandé un correcteur.

Natatsha et moi, nous sommes allées lui apporter le manuscrit. Il a accepté de se joindre à nous. Il a beaucoup d'expérience dans la matière. Il a commencé la correction vers le 30 octobre. En relisant le manuscrit, je trouve qu'il a fait un bon travail.

Mais depuis que je me suis lancée dans cette aventure, c'est la première fois que je ressens une réelle inquiétude. Je ne sais pas pourquoi. Pourtant, j'ai la situation bien en main. Tout va bien se passer. Ma fille s'est aperçue de mes hésitations. Elle me connaît très bien. Je l'ai assurée que s'arrangerait. Je vais prier dans cette intention.

Journal — 22 novembre 2001

La nuit dernière, j'ai fait un terrible cauchemar. Lorsque je me suis réveillée, J'étais rendue au pied du lit. Depuis quelque temps, je me vois dans une période de transition. Je ne me comprends pas moi-même.

Jacques devait partir pour Haïti il y a deux semaines. En fin de compte, il part le lundi 27 novembre en passant par New York.

Il prend l'autocar pour se rendre à New York. C'est avec plaisir qu'il part pour Haïti. Il jure qu'il se sent bien là-bas. Tant mieux pour lui.

Mémoire

Durant l'année 2001, Jacques est retourné trois fois en Haïti.

J'ai pris acte d'avoir un mari à temps partiel. Je suis maintenant habituée à ses absences. Je commence à apprendre à vivre toute seule. D'ailleurs, je n'ai plus le temps de m'ennuyer. Au début, c'était difficile. Graduellement, je m'habitue.

Journal — 13 décembre 2001

Je suis au café Bistro situé au coin de Rachel et Saint-Laurent. Il est 11 heures 50. J'attends Julie, la ma réviseuses rédactrice. Notre rendez-vous était fixé pour 11 heures, elle n'est pas encore arrivée, je vais patienter jusqu'à 12 heures 15. Si je ne la vois pas, je partirai. Pour le moment, je continue d'écrire.

Depuis que Jacques est parti en Haïti, il m'a appelé seulement une fois. Je ne sais pas comment ça va pour lui. Pas de nouvelles, bonnes nouvelles. Actuellement, tout va bien pour moi. J'ai beaucoup de démarches à entreprendre pour le livre. Je n'ai pas le temps pour m'ennuyer.

Je continue aussi de travailler beaucoup sur mon tempérament. Je veux garder un esprit positif, être moins émotive, plus patiente et plus sage. Je pense que je commence à faire du progrès. Je prie dans cette intention. Je me regarde dans le Miroir et Je vois une autre femme plus forte et plus sûre d'elle.

J'ai parlé à sœur Berthe cette semaine. Elle était contente d'avoir de mes nouvelles et d'apprendre que j'ai trouvé un bon correcteur pour le livre. Cet homme me donne de très judicieux conseils. Il est devenu un ami.

J'ai dîné hier avec ma sœur à un restaurant de la rue Saint-

Denis. Nous avons discuté de tout et de rien, sauf sur mon livre.

Elle est très gentille et bonne avec moi, mais elle ne m'encourage pas moralement sur mon livre. Elle laisse l'impression d'une personne qui n'aimerait pas que le livre soit publié. Pourtant, je n'ai rien écrit de mal sur personne de ma famille dans le livre. J'ai juste dit ma vérité.

Il est midi, je suis toujours au café Bistro et Julie n'est pas encore arrivée. J'attends dix minutes de plus ; si je ne la vois pas, je pars. Elle viendra me rencontrer au salon de ma fille. Ce n'est pas plus grave. Pour passer le temps, je continue d'écrire dans mon journal.

Il faut que j'apprenne à être plus patiente. Je vais téléphoner chez elle et laisser un message.

Moment présent 2 mars 2007

La nuit dernière

Bonjour, mes petits, je ne vous ai pas parlé depuis un bon moment. Je n'ai pas pu le faire parce que je voulais avancer dans mon livre. Aujourd'hui, c'est le 2 mars 2007. Je suis rendue presque à la fin. À bientôt !

Mon récit en arrive au mois de décembre 2001. Il me reste à raconter l'année 2002 une période qui ne sera pas longue, et les cinq premiers mois de l'année 2003. Je contente avec plaisir que vous êtes encore là avec moi pour poursuivre mes aventures mystérieuses. Vous m'encouragez beaucoup et je vous remercie de votre soutien. J'aimerais que vous priiez Dieu pour moi, que vous demandiez de me donner la santé, l'énergie et la force de poursuivre mon voyage jusqu'à la fin. Parce qu'hier soir, je ne me sentais pas bien. J'étais terriblement fatiguée. Je n'ai pas pu écrire. J'ai dû aller me coucher. J'avais très mal au cœur, à un bras et au dos. J'ai fini par m'endormir. Je n'ai sans éteindre ma lampe de chevet. Il était 21 heures. Vers minuit, je me suis réveillée. J'avais des palpitations.

Je n'ai pas appelé mes proches, je ne voulais pas les déranger. J'espérais que ce serait temporaire. J'avais peur quand même. Je me suis levée. Je suis passée au salon. J'ai ouvert l'ordinateur et je me suis mise à regarder les images pour me détendre comme j'ai l'habitude de le faire. Mais je ne me sentais pas mieux. J'étais vraiment mal empointé.

Je me suis souvenue que j'avais ma réserve de pilules. En dépit des mises en garde de mon médecin, j'ai pris la moitié d'un somnifère. Après quoi je me suis couchée. Je suis restée tranquille jusqu'à ce que le sommeil m'ait emportée. Je me suis réveillée, vers 9 heures 30 du matin. Cela m'a fait du bien. Je me sens mieux aujourd'hui. Non, non, je ne vous abandonnerai pas du tout.

Nous approchons de la fin de mon récit. Il faut que je le mène à son terme. Souhaitez-moi bonne chance et bon courage. Je vous aime beaucoup, mes amours.

Je continue mon récit

Première partie

L'année 2001 tire à sa fin

En cette fin d'année, je n'ai pas le goût de fêter ce n'est pas parce que je suis triste, non. C'est parce que je suis très préoccupée. Mon esprit est complètement concentré sur la sortie de mon livre. Je ne dois pas commettre des erreurs. Je suis seule à tout superviser. Ma fille, elle, se consacre au lancement en général : le choix d'une salle, le buffet, la publicité, les présentations. Elle et mon fils, la première et la quatrième de couverture, Moi, je veillais à tout ce qui concernait la publication du livre. C'est pour m'y préparer que j'avais suivi mon cours.

Jacques, lui, s'est arrangé pour être absent au moment où j'avais vraiment besoin de lui. Il refusait catégoriquement de m'aider autant financièrement que moralement ou matériellement. Il était censé rentrer d'Haïti le 26 décembre. Il m'a appelée pour m'annoncer qu'il avait changé de plan. Il reviendrait au mois de février. Alors, je ne comptais plus sur lui. Je devais me disposer à l'effacer pour un temps de ma mémoire, afin de rester en forme mentalement.

Cette fois-ci, Noël s'est passé très tranquillement pour moi.

Les enfants ainsi que ma sœur m'ont beaucoup gâtée. La veille des fêtes, j'ai travaillé au salon de ma fille parce que j'avais besoin d'argent pour l'édition de mon livre. Vers le 28 décembre, la mise en page était terminée. Il reste au correcteur à faire une dernière vérification du manuscrit.

Entre-temps, je pensais déjà au deuxième tome du livre.

Avant de le commencer, il me faudrait prendre un seul critique et éliminer de nombreux obstacles psychologiques. Pour u parvenir, il me fallait retrouver ma paix d'esprit et de cœur. Je devais retourner très loin dans mes souvenirs. Je prévoyais que ce périple intérieur s'avèrerait difficile, douloureux et même terrifiant ! Mais c'était maintenant une certitude : je devais le réaliser.

Je me rappelle que quand Jacques m'a téléphoné pour m'avertir qu'il ne rentrerait pas, j'ai pensé que de toute façon ce serait mieux ainsi. Il fait ce qu'il aime et moi aussi, je fais ce que j'aime et qui apaise mon être.

Mais à chaque fois que me revient en mémoire tout le mal qu'il m'a causé, je me demande pourquoi je ne le quitte pas. Je n'arrive pas cependant à trouver la réponse à cette question. Ma fille à qui j'en parlais m'avait donné ce conseil : Mammy, tu dois penser avec ton cœur. L'une de mes amis avec qui j'en avais discuté m'avait exprimé ainsi sa perplexité : « Aussitôt que tu auras trouvé la réponse à ta question, tu m'en feras part. Voici ce que, en ces moments-là, j'avais écrit dans mon journal au sujet de Jacques.

Journal — 29 décembre 2001

Ces temps-ci, je ne sais pas ce qui se passe en moi. On dirait dit qu'il y a une partie de moi qui ne veut rien savoir de lui, mais que l'autre partie à une grande sensibilité envers lui. Cette même partie de moi n'a plus besoin de lui financièrement ni affectueusement. Elle a seulement besoin de lui parler. Mais elle voit bien que la communication ne se fait pas. Quand il parle, c'est pour provoquer des disputes. Souvent il la traite avec mépris. Mais fort heureusement, elle a changé. Elle n'est plus aussi vulnérable. Mais bon Dieu, pourquoi ne peut-elle pas prendre enfin une décision ? De mon côté, chaque fois que j'y pense, j'ai mal. J'ai mal parce que je me suis aperçue que je ne peux prendre aucune décision. Bref, je ne sais quoi faire. Je vais appeler sœur Berthe, ma mère adoptive. Elle sera sûrement en mesure de m'aider. Je vais solliciter un rendez-vous avec elle.

Je continue mon récit

Ma fille et moi, visons l'objectif de faire le lancement du livre au début du printemps, c'est-à-dire dans deux mois, puisqu'aujourd'hui c'est le 31 décembre. Nous devrons mettre les bouchées doubles pour être tout à fait prêtes.

Nous cherchons à compléter l'argent requis pour l'impression de l'ouvrage. Mon optimisme à ce sujet est au beau fixe. Mon beau-fils, au contraire, a des doutes qu'il m'exprime bien gentiment : Maintenant que ton livre est terminé, que feras-tu s'il et manque de l'argent pour l'impression ? Je lui ai aussitôt émis cette réponse : Je ne m'inquiète pas. Je vais trouver l'argent à temps et le lancement aura lieu comme prévu le 14 mars 2002. Il a esquissé en sourire approbateur : Tu as un esprit vraiment positif. Bravo, chère Enice ! Puis il m'a embrassée. Ce signe de confiance m'a réellement réjouie. J'étais en outre fière de mon attitude à la fois directe et positive.

Chapitre 14

Début de l'année 2002

L'année de lancement d'Une Femme parmi tant d'autres. J'ai passé le jour de l'an et le lendemain chez ma sœur Irène avec laquelle Habite mon frère Robert. Être ensemble nous comble de joie.

Après les fêtes de fin d'année et du nouvel an, les activités ont repris. Natatsha travaillait cependant moins, c'était la morte-saison dans la coiffure. Elle pouvait dès lors consacrer plus de temps à l'organisation du lancement de mon livre.

Pour la préparation de l'évènement, nous avons mis sur pied une équipe très dévouée. Natatsha et Max ont fabriqué eux même les cartes d'invitation avec l'aide de leur ami Stephan, chargé de l'exécution infographique. Toutes les opérations ont été bien planifiées. Natatsha avait réservé une salle bien avant la période des fêtes. Lui prêtait main-forte à tout moment le jeune écrivain québécois J.L. Mon beau-fils, quant à lui, assurait la gestion du site web.

Même si je participais à la supervision de toute l'opération, je continuais à seconder mes enfants avec leurs petits. Et en même temps, je me faisais un devoir de prendre soin de moi spirituellement et physiquement. Voici un extrait de mon journal.

16 janvier 2002

Je n'ai aucune nouvelle de Jacques depuis janvier. J'ai appelé aux Cayes, son neveu m'a assuré qu'il était à Port-au-Prince. Je dois rencontrer Lionel, mon correcteur, cet après-midi pour lui remettre un document. Au téléphone, il m'a signalé que par le son de ma voix, il s'était aperçu que j'étais fatiguée. Je lui ai expliqué que j'avais assez mal dormi la nuit précédente. Il m'a conseillé de me reposer.

Suivant son conseil, je me suis couchée un peu plus tôt. Le lendemain, je me sentais déjà bien. Il semble s'inquiéter pour moi,

Je ne sais pourquoi. Quand il m'a rappelée, il s'est montré satisfait de constater que cela allait mieux.

29 janvier 2002

Hier, j'ai reçu de Stephan la première de couverture du livre.

J'étais émue en l'examinant ; Stephan avait exécuté un bon travail.

Je l'ai embrassé pour le remercier. Il méritait ce petit bisou, même si je le payais pour son travail. J'admire également l'active participation de mes deux enfants que je n'ai pas encore remerciée. Avant tout, ce sont eux qui avaient conçu l'idée du montage. Je les félicite.

En arrivant chez moi hier soir, j'ai prié. Je remercie Dieu de tout ce qu'il m'a donné. J'ai installé la maquette de la page couverture sur ma petite table de prière. Et, je me suis endormie tout de suite, il était minuit (Fin du journal).

1er février 2002

Mon amie Nelia est arrivée d'Haïti. Elle séjournera un mois à Montréal. Hier, je suis allée la chercher pour qu'elle vienne passer une journée chez moi. Il neigeait, il faisait froid et la chaussée était glissante. J'avais des courses à faire. Je l'ai emmenée avec moi. Les rues étaient verglacées, je conduisais prudemment pour éviter une sortie de route ou un accrochage. J'allais justement chercher à Verdun la première de couverture.

Et le lendemain., j'avais rendez-vous avec l'imprimeur.

Heureusement, tout s'est bien passé. De retour à la maison, nous nous sommes installées dans la cuisine pour causer. Comme cela faisait très longtemps que nous n'étions pas vues, nous avions long à nous raconter. Au moment d'aller préparer le souper, je lui ai offert de lire les premières pages de mon livre ainsi la quatrième de la couverture.

Elle s'est mise à lire tranquillement, silencieusement. De mon côté, je réglais les préparatifs du souper. Au bout de quelques minutes, j'ai tourné la tête dans sa direction. Elle avait les larmes aux yeux. La voix émue, elle m'adressé ces simples mots : tu sais, je ne continuerai pas aujourd'hui. Tu m'enverras un exemplaire de ton livre en Haïti. Je le lirai là-bas, Aujourd'hui, je ne sens pas prête à le lire. Et elle a ajouté : Durant tout le temps que je te voyais écrire en Haïti, je ne réalisais pas que tu écrivais ta vie. Je te félicite cher, tu as bien fait. C'était important pour toi. Bravo encore. Je l'ai remerciée en l'embrassant.

Après le souper, je l'ai amenée faire ses emplettes personnelles. Tout compte fait, nous avons passé une très bonne journée. Je garde un agréable souvenir de ces beaux moments partagés avec elle. C'était tendre et sincère.

Chapitre 15

Première partie

Préparation du lancement

Je me souviens très bien de la journée où je suis allée chercher le livre complètement terminé. J'étais radieuse et confiante. C'était mon bébé, je l'avais dans la voiture juste à côté de moi. C'était comme quand j'avais eu mes deux enfants. Je m'étais battue pour le voir naître, à l'exemple de mes enfants. Il était là, ou presque ; il ne restait que l'étape de l'impression. Je lui parlais dans l'auto. Je le rassurais : « Ne t'inquiète pas, je vais trouver l'argent pour te faire voir le jour. Je sais que tu pourras aider les gens qui en auront besoin, mais j'ai quand même un peu de peine de te laisser faire ton chemin.

J'étais extrêmement joyeuse. J'ai prié Dieu de me garder sous sa protection. J'ai pensé à ma sœur. Je l'ai appelé sur mon cellulaire. Je voulais vérifier si elle était de retour de son travail. Je lui ai annoncé que je venais faire un tour chez elle. À mon arrivée, je suis descendue du véhicule, mon ouvrage entre les mains. Mon frère était présent.

Nous étions passés dans cuisine avant le souper. Leur montrent mon œuvre, j'ai prononcé ces mots : Tenez, voici mon livre, mon troisième bébé, il reste juste l'impression à faire, Pour y arriver, il me manque un peu l'argent, mais je suis sûre que je vais finir par la trouver même si cela peut prendre du temps. Au mois, le livre est terminé. Sur le coup, Ils sont restés silencieux. J'observais leur réaction à la vue du fruit de mes constants efforts.

Mon frère avait un sourire au coin de la bouche, le sourire qu'il esquisse quand il est ravi. Ma sœur sans aucun doute se réjouissait de mon succès, mais rien dans son attitude ne me montrait. Après le souper je suis partie chez moi, mais, avant je suis passée au salon de coiffure de ma fille pour voir si tout allait bien.

De retour chez moi, j'ai reçu un appel de ma sœur. Elle m'invitait à passer chez elle dans l'après-midi du lendemain. Notre frère, l'un de nos amis et elle, avaient, m'annonçait-elle, réuni un certain montant à mon intention. J'étais enchantée d'une si encourageante nouvelle. Or ce n'était pas tout : deux autres amis m'accordaient un généreux prêt Madame Bélisle également. En deux jours, j'ai donc récolté tout l'argent dont j'avais besoin.

Pour moi, c'était un véritable miracle. Dieu exauçait mes prières. Le lancement du livre terminé, j'avais fait chanter une messe d'action de grâce. J'ai ensuite remercié ma sœur Irène, mon frère Robert, de même que les amis qui ont cru en moi et en mon projet. J'ai en fin exprimé ma gratitude à mes deux enfants adorables, à mon beau-fils qui m'a toujours appuyée et à tous mes proches. Mais j'insiste sur la contribution de ma fille qui continue à m'aider moralement et spirituellement pour l'écriture de mon deuxième livre : C'est elle mon psychologue.

Deuxième partie

Le lancement du livre

Durant les jours qui l'ont précédé, j'ai dû supporter une surcharge de travail : plusieurs révisions de mon discours de présentation, d'en avants essais pour le choix de ma robe, etc.

J'avais l'impression d'être enflée, tellement j'étais fatigué et stressée. Ma sœur avait fait commander un copieux buffet. Natatsha avait décoré la salle avec son ami J.L. et Patrick, mon beau-fils, était l'animateur de l'évènement. En raison d'un incident de la route, je suis arrivée au lieu du lancement avec quelques minutes de retard. Tous les invités étaient déjà là, qui m'attendaient.

C'est en coup de vent et pressée par le temps que Natatsha m'a aidée à me préparer. Je suis rapidement montée sur l'estrade.

Patrick m'a présentée. La salle était bondée. J'étais émue de constater qu'autant de personnes avaient répondu à notre invitation.

Ce soir-là, j'étais calme et posée. Quand j'ai gagné l'estrade, toutes mes angoisses et tous mes stress avaient disparu. Je me sentais bien. J'ai pu lire posément mon message. Je réalisais que les gens m'écoutaient avec beaucoup d'attention. J'étais animée d'une force de grande sérénité et de réel bonheur. J'avais de la joie dans le cœur. C'était ma soirée ! Pour la première fois, je pensais seulement à moi.

Un peu plus tard, je suis passée à chaque table pour saluer mes invités individuellement. Ma mère adoptive était présente avec sœur Rachel, Madame Bélisle avec l'une de ses filles, ma sœur avec ses amis, les amis de mon fils, la chanteuse Natacha, de même que l'équipe qui avait travaillé sur le livre parmi lesquels, Lionel, Julie, tante Dadia et tant d'autres personnes ses plus affables.

La salle était agréablement ornée sur les tables des nappes de couleur coquille d'œuf et rouge. Durant toute la séance de signatures, l'animateur présentait les gens. Julie a lu le prologue, Natatsha a fourni des informations sur le livre, la maison d'éditions et l'équipe de rédaction. Des remerciements ont été exprimés par Natatsha et Max.

La publication du livre a donc connu un vif succès. J'ai reçu de nombreux témoignages de femmes qui me remerciaient merci l'avoir écrit. Elles me tenaient la main pour me montrer leur gratitude. C'était pour moi un grand motif de fierté. Et c'est avec joie que je signais les dédicaces. Les gens étaient en liesse. Cela se voyais sur leur visage.

Durant toute la soirée, un jeune photographe captait des visages et prenait de cliches de groupes. Un ami de Max a filmé.

Encore aujourd'hui, quand je regarde la cassette, je n'en reviens pas de la joie que j'ai apportée aux invités au cours de cette soirée-là. Je ne l'oublierai jamais. Tout cela, grâce à ma foi au divin, en moi et en ma fille et mon fils.

Tante Dadia était venue de New York pour assister au lancement, je suis allée la déposer chez ma sœur. je comptais ensuite retourner chez moi pour aller dormir seule, puisque Jacques n'était pas rentré d'Haïti pour le lancement.

Notre ami le (psychologue) P.N. a conseillé à ma sœur de ne pas me laisser prendre la route. Il lui à fait cette observation : Elle ne va pas bien, ne la laisse pas partir dans cet état. Alors, j'ai accepté de passer la nuit chez ma sœur.

M'installant au salon, je suis assise au coin du sofa. Je me sentais brusquement triste. J'éprouvais beaucoup de peine. Je ne parlais pas. Je regardais le néant. Quand est le moment de se coucher, ma sœur nous a installées dans sa chambre. Tante Dadia s'est endormie assez rapidement, mais moi. J'étais trop triste et j'avais trop mal. Je n'en pouvais plus. J'ai crié et j'ai pleuré à chaudes larmes. Ma sœur est entrée dans la chambre. Elle désirait savoir ce qui se passait. Je ne pouvais rien lui expliquer. Ma souffrance était trop forte. Tout mon ventre me faisait mal, c'était comme si j'avais une boule au cœur. Je pensais à mon livre, à mes lecteurs. C'était comme si j'avais perdu un enfant sans savoir s'il allait vraiment faire ce que je voulais qu'il fasse.

Je m'en suis finalement ouverte quelque peu. Elle m'a amenée dans la cuisine. Elle m'a consolée en me parlant. Comme le matin se levait, elle a fait du café. Nous avons déjeuné avec tante Dadia. Vers 8 heures, je suis retournée chez moi. Je voulais être toute seule, pour reprendre mon esprit.

Voici ce que j'ai écrit cinq jours après le lancement du livre.

19 mars 2002

Avant le lancement, je n'arrivais pas à écrire. J'avais l'esprit très occupé. Maintenant que tout est terminé, je n'y arrive pas encore. J'ai pourtant, tout est dans ma tête. Je suis en train de vivre l'événement en silence. C'est comme si je voulais garder entièrement pour moi.

Je me sens encore triste. Je ne sais pas pourquoi. Je me renferme chez moi. Or, je dois bouger puisque c'est à moi de faire les démarches pour placer les livres dans les librairies et les bibliothèques. Natatsha s'était occupés de la promotion avec les médias. Je dois me reprendre, il le faut.

Je continue mon récit

Jacques m'a téléphoné d'Haïti pour me demander de lui envoyer un billet d'avion étant donné que son billet de retour est expiré. Au sujet de l'argent du billet, il ne s'est pas gêné pour me déclarer : tu viens de faire ton lancement, tu as de l'argent, tu peux acheter le billet.

Je lui ai rétorqué : c'est vrai que j'ai vendu des livres, mais je ne peux pas acheter ton billet d'avion. J'ai besoin de cet argent pour payer entre autres mes collaborateurs. Mais il y a une autre raison : Tu as fait exprès de ne pas venir à mon lancement, un événement qui était très important pour moi. Donc, appelle ta cousine ou une autre personne. Elle te l'achètera.

Voici ce que j'ai écrit dans mon journal intime.

Le retour de Jacques

Le vendredi le 29 mars 2002

Je suis dans un autocar en direction de Trois-Rivières. Je viens en pèlerinage au Cap-de-la Madeleine avec ma sœur Irène et notre amie Lucie. Je profiterai de mon voyage pour écrire. Jacques est rentré hier, je suis allée le chercher à 17 heures 15.

À notre rencontre, je l'ai embrassé sur la joue comme à un ami. J'ai agi ainsi sans vraiment y penser. J'oubliais que c'était mon mari. Durant le trajet de retour, c'est moi qui conduisais la voiture. Je le sentais nerveux. On a parlé de tout et de rien.

Dès que nous sommes arrivés à la maison, il m'a demandé si je l'aimais encore. « Pourquoi ? ai-je répliqué. Il m'a répondu : Je ne sais pas, j'ai noté que tu m'as embrassé sur la joue. J'ai tenté de m'expliquer : « Tu sais, je n'ai pas fait exprès, j'ai pensé que tu étais devenu comme un ami ou un frère parce que cela fait tellement longtemps que tu es parti. Et après tout ce qui s'est passé, je ne sais plus. Il dédirait discuter. « Pas pour le moment. ai-je objecté. J'attends Lionel qui doit venir chercher des livres pour ses amis. Nous en reparlerons après.

Quand Lionel est arrivé, les enfants m'ont appelée. Je suis montée le retrouver. Les enfants sont allés saluer leur grand-père.

Ils étaient contents de le voir. Jacques a salué Lionel en lui tendant la main. Il l'a remercié de m'avoir aidée pour le livre. J'observais la réaction de Lionel. Il regardait Jacques espiègle qui voulait en dire beaucoup, mai, il n'a émis aucun commentaire.

Lionel et moi, nous nous sommes installés dans la salle à manger. Il est resté 30 minutes, Quand il vient, il me raconte toujours des histoires pour me faire rire.

Dès qu'il est parti, je suis descendue retrouver Jacques. Il était déjà couché en train de lire le livre. Je me suis mise à côté de lui, à demi ; assise dans le lit. Entamé aussitôt la conversation : « Je veux que tu écoutes, c'est moi qui vais parler, je ne veux pas que tu m'interrompes. Tu me donneras ta réponse après. Il m'a alors expliqué qu'il n'était pas venu au lancement du livre parce qu'il se sentait exclu de chaque évènement, et qu'il était toujours de trop. J'ai saisi tout de suite des excuses. Je lui ai objecté qu'il faussait la vérité, qu'il s'était lui-même exclus de tout. De plus, il refusait de me prêter de l'argent, quand il en avait. Il continuait quand même à inventer des justifications. C'était peine perdue.

Il a poursuivi la conversation en faisant allusion au livre : Tu ne m'as jamais parlé de ton amoureux inconnu que tu as mentionné dans ton autobiographie, pourquoi ? Je lui ai répondu : Tu sais, Jacques, presque toutes les femmes ont un jardin secret dans leur cœur ; elles ont toujours un coin intime qui les aide à surmonter les jours de cafard. Durant tout le temps que tu dormais à côté de moi, a-t-il poursuivi, est-ce que tu rêvais à cet amoureux secret ?

J'ai riposté : j'ai bien précisé dans le livre que cela arrivait surtout quand j'avais du chagrin et que je ne regrette rien. Il a insisté pour que je dévoile le nom de la personne : Jamais a été ma réponse : Tu oublies que c'est à moi Jacques que tu parles. Qu'est-ce qui se passe ? Alors tu ne m'aimes pas ? Il s'obstinait à me poser les mêmes questions. Tenant le livre entre ses mains, il m'a lancé : L'amour que tu as décrit dans le livre, est-ce que tu l'as encore pour moi ? Ma réponse a été sèche : Sincèrement, je ne l'ai plus. Depuis le jour où tu as mis une autre femme dans mon lit, pour coucher avec elle, cet amour est parti et pour toujours. J'ai ajouté : Pour pouvoir écrire cette partie du livre, j'ai dû rentrer dans mon personnage de 20 ans, et recommencer à faire l'amour avec toi comme quand j'étais dans la vingtaine. Tu sais, cela a été très dur pour moi à ce moment-là, j'ai beaucoup souffert.

En m'entendant décrire ce si douloureux, il s'est mis à pleurer, à mon grand étonnement. Je n'ai pas réagi, désirant cacher mon émotion, Ce dont il ne se doutait pas, c'est que durant ses va-et-vient en Haïti, mon livre a pris sa place.

Il m'a juré qu'il m'aimait encore, comme avant. Et il a renchéri en affirment que : toutes les filles qu'il était allé voir ne représentaient rien pour lui.

Je continue avec le lancement

Le lancement terminé, J'ai repris graduellement mes activités. Le livre était bien accueilli par les librairies. Une semaine après le lancement, j'ai commencé à recevoir des commentaires très positifs par courriel, par courrier postal et par téléphone.

Ces signes de grand intérêt m'ont donné un regain d'énergie.

Cette année-là, j'ai participé à des séances de signatures dans plusieurs librairies. Au mois de novembre, j'ai pris part au salon du livre de Montréal. Je suis ensuite allée à New York, également pour des séances de signatures, à différents salons du livre du Québec, etc. Dans les temps morts de mes séances de signatures, je revenais à mon journal.

Quelques parties de mon journal durant mes séances de

Signature j'ai toujours un temps mort pour écrire

Journal — 11 mai 2002

Je suis à la librairie Ruffin située au centre commercial galerie Rive-Nord à Repentigny, pour une séance de signatures. Il est 12 heures 30, on a installé juste devant l'entrée du magasin. Je suis assise tout près d'une table ronde recouverte d'une nappe de couleur jaune et contenant une pile d'exemplaires de (une femme parmi tant d'autres). Pour rendre la table plus attrayante, j'y ai placé un petit pot de rose, un petit lampion ainsi que des signets en demi-lune. J'ai 'arrangé les livres avec goût pour attirer le regard des lecteurs. Je procède ainsi à chaque séance de signatures.

C'était la veille de la fête des Mères, que le centre

Le commercial était plein. Les gens passaient et zieutaient. Certains arrêtaient leur regard sur le livre. D'autres me demandaient depuis quand j'écrivais et, pourquoi j'avais décidé d'écrire. Je me suis à la longue rendu compte que, partout où je passe, ce sont les mêmes questions qui me sont posées. Plusieurs curieux lisent la quatrième de couverture. De très jeunes filles m'ont également posé des questions.

Tiens ! Quelqu'un vient d'acheter un exemplaire et je m'empresse de la dédicacer. D'autres personnes imitent son geste. Tiens ! Une jeune fille vient d'en acheter un pour sa belle-mère. ! D'autres passants s'arrêtent et s'y mettent. Tiens ! Cette petite fille s'en procure un pour sa maman, etc.

Durant cette séance de signatures, la maman de mon beau-fils Patrick est venue me voir pour m'encourager. Après m'avoir saluée, elle est allée s'asseoir sur un banc placé à proximité de la librairie. Un compatriote Miragoânais, Michel, m'a apporté un beau bouquet de fleurs. Son geste m'a fait un grand plaisir.

La séance qui s'est terminée à 16 heures a donc duré deux heures. La vente a été très fructueuse. J'étais très satisfaite, et les gens de la librairie aussi. L'important, c'était de faire connaître le livre. Ordinairement, après une vente intéressante il y a une suite heureuse. Jacques est venu me chercher après avoir déposé la mère de Patrick chez elle. Mon ami Michel qui habite à Repentigny nous a invités à faire un tour chez lui.

2 juin 2002

Je n'ai pas écrit depuis plusieurs jours, car je suis très prise.

J'ai des livres à envoyer entre autres à New York et à Miami. En fait, je me trouve à gérer plus d'un dossier en même temps. La bonne tenue de la maison, du boulot au salon de Natatsha, Jacques doit-il faut quotidiennement prendre soin. Des entrevus à la radio, la poursuite des séances de signature, les long entretiens au téléphone. Jacques multiplie les crises de jalousie et fouille dans mes effets personnels avec l'espoir d'y découvrir je ne sais quoi. Il pique une colère même quand, au cours d'entrevues radiophoniques, on me pose des questions sur certains de sujets traités dans le livre. Il prétend ne pas comprendre pourquoi je me sentais étouffée et comme asphyxiée, alors qu'il tentait presque constamment de m contrarier dans mon travail d'écriture.

12 juin 2002

Je suis à New York. Je suis revenue pour une séance de signatures dans une librairie à Queens. Je suis accompagnée de ma fille Natatsha.

Le jour de la séance, ma fille et ma cousine Dedzye s'est joindre à nous. Un après-midi di très agréable. La séance s'est déroulée de midi à 13 heures 30. Nous étions satisfaites des ventes. Nous avons en outre fait la promotion du livre en français à la radio et à une émission de télévision. J'ai remis des exemplaires du livre à quelques journalistes en prévision de futures interviews. Nous sommes retournées à Montréal persuadées de nous en être très bien sorties. Satisfaites de notre séjour.

Jacques, quant à lui, est reparti en Haïti pour deux semaines.

Il doit d'urgence aller remettre de l'ordre dans ses affaires. Il reviendra à Montréal probablement à la fin mois de juin.

Troisième partie

Rénovations dans l'appartement

Avant le départ de Jacques, celui-ci avait commencé à rénover le sous-sol avec l'aide de Patrick. Ils avaient débuté par les toilettes de la salle de bain. Le père de Patrick a remplacé mon mari pour la suite. Il y avait des modifications à apporter dans le système électrique, de sorte que chaque locataire puisse disposer de son propre compteur. C'était beaucoup de travail. Et une situation très inconfortable pour moi qui dormais ordinairement au sous-sol. J'y ai fait allusion dans mon journal.

16 juin 2002

Il est 3 heures 30 du matin. Je n'arrive pas à m'endormir. Je suis réveillée depuis 1 heure 30 du matin. Ma tête est pleine de toutes sortes d'idées. Je ne sais pas à quoi est dû tout ce trouble.

Depuis un mois, je ne dors pas dans mon lit. J'ai quitté ma chambre. Le sous-sol étant en rénovation, je couche dans la chambre d'Elle-Camay où je vais dormir chez ma sœur Irène. Patrick avait prévu deux semaines de rénovation. Cela fait maintenant un mois. Je sens que je n'en peux plus. Je vais craquer. Je prie Dieu de me calmer. J'ai hâte de dormir dans mon lit et de retourner dans mes affaires. J'ai pris du retard. Irène étant en outre tombée malade, je me suis occupée d'elle durant les deux premières semaines de juin. J'aspire maintenant à un peu de paix et d'intimité.

Ce qui empire la situation, c'est que Jacques poursuit ses puérils accès de jalousie. Avant son départ pour Haïti, il a écrit à mon correcteur une lettre lui intimant de ne plus travailler pour moi, ce que je ne prends pas du tout. Il a photocopie deux pages de mon journal intime qu'il a ensuite fait parvenir à mon correcteur-reviseur. Il m'a de plus fait une scène pour le mystérieux amoureux de mon livre Je n'arrive pas du tout à comprendre son comportement.

Ayant assez de ses réactions infantiles, je n'ai plus envie de vivre avec lui comme mari. J'estime avoir droit à un peu de vacances pour voir plus claire en moi-même. En ce qui concerne mon livre, je ne regrette rien de ce que j'ai écrit. D'ailleurs, c'est de ma vie que je parle. Je n'y ai attaqué personne. J'ai hâte de commencer le deuxième tome.

Si je continue de demeurer au sous-sol avec Natatsha et mes petits-enfants, c'est parce que je ne me sens pas actuellement le courage d'aller louer un appartement loin de ma famille. Ce serait trop pénible pour moi.

La nouvelle place

Le nouveau salon de coiffure de Natatsha

Entre-temps, Patrick a terminé les travaux de la rénovation.

J'ai pu continuer mes activités et Jacques est revenu d'Haïti. Il a encore maigri. Il se trouve que à chaque fois qu'il revient d'Haïti, il est maigre, affaibli et fatigué. Nous le taquinons à ce sujet, et lui en rit.

1er juillet 2002

Aujourd'hui, lundi, je suis au nouveau salon de Natatsha sur la rue Sauvé, près de la rue de La Jeunesse. Il est 13 heures 30. Je suis seule sur les lieux. Jacques et Natatsha sont partis chercher des chaises hydrauliques. Depuis quatre jours, nous travaillions à rénover l'endroit afin de commencer les activités le mardi, 2 juillet.

12 juillet 2002

Je n'ai pas été en mesure d'écrire depuis deux semaines. Je suis ravie pour Natatsha qui réalise l'un de ses plus beaux rêves : celui d'être la seule propriétaire de son salon. C'est le bon Dieu qui a permis tout cela. Elle s'est dépensée sans compter pour y parvenir. Ne s'entendant plus avec son associée du salon, de la rue Laurier, elle avait dû consulter un avocat et avait été obligé de se retirer du partenariat pour régler le litige. Fort heureusement, tout cela était maintenant du passé.

Natatsha fait du bon travail dans son nouveau salon. Elle a conçu un beau décor. Son père l'a un peu aidée, en particulier pour l'installation électrique. J'ai moi aussi apporté de divers façon ma contribution. Les clientes aiment cet élégant salon. Elles s'y sentent plus à leur aise. Je m'y plais moi-même ; j'y suis presque tous les jours, même lorsque je n'y travaille pas. Il est vrai que je me tiens aussi loin de chez moi à cause des travaux de rénovation.

Le samedi 7 juillet, mon amie Anièce a marié sa fille que je connais depuis son enfance. Je me réjouissais de leur bonheur. Ce fut un beau mariage. Natatsha, Patrick et Jacques y ont assisté. La reste de la journée a été bien agréable. Durant la soirée, Jacques s'est montré très amoureux. Pour ma part, j'essayais d'être amoureuse comme avant avec lui, mais je ne pouvais plus. Je ne ressentais plus rien pour lui. J'étais obligée de faire semblant.

J'ai été contrainte de tenter des efforts ce soir-là pour faire l'amour avec lui. La cause de mon rejet, est certainement le souvenir de tout le mal qu'il m'a causé. Il a fermé la porte du peu d'amour que j'éprouvais pour lui. Je n'oublierai jamais qu'il a expédié à mon correcteur les photos copies de deux pages de mon journal intime. Le comble de la stupidité de l'infantilisme. Ce viol de mon univers intérieur m'a fait atrocement mal, parce que je ne voulais pas du tout que mon correcteur (ni lui d'ailleurs) en prenne connaissances. Et le point culminant : une lettre exprimant des propos de très mauvais goût accompagnait les photocopies.

Non, je ne lui pardonnerai jamais cet acte honteux et répugnant.

À son retour d'Haïti, je n'avais pas fait l'amour avec lui, presque un mois. Pour le dissuader de me toucher, je me couchais chaque soir en gardant mes culottes. Tout cela me fait beaucoup souffrir. Je ne sais plus quelles est la meilleure solution à adopter. Si ce n'était pas de mon livre, je partirais quelque part toute seule. Je suis à bout.

Chapitre 16

Le salon de coiffure, des belles rencontres

Première partie

Le salon de coiffure a été le théâtre de nombreux évènements. Et si nous sommes venus nous installer dans le quartier, c'est certainement l'esprit divin qui nous y a conduites, ma fille et moi. C'est dans salon que j'ai rencontré ma bonne amie Renata avec qui j'ai fait bien des équipées, et nous en faisons encore. Elle habitait dans le quartier, C'était alors l'été et je la voyais passer chaque jour dans la rue. Elle portait toujours une blouse blanche.

Je me sentais attirée vers Renata. Je n'en parlais à personne.

Un beau jour, Natatsha et moi étions dans le salon, elle est entrée en lançant : « Salut, je suis Renata, j'habite à côté. Je suis écrivaine, j'écris des récits de fiction. Nous avons répondu à son salut. Natatsha s'est présentée comme la propriétaire du salon, puis elle m'a présentée en ces termes : Voici ma mère, qu'elle est toujours ici avec moi. Et elle a poursuivi : « Elle aussi, elle est écrivaine ; elle vient d'écrire le premier tome de son autobiographie. Ouvrant ses yeux avec un beau sourire, Renata m'a fait ; Mes respects, madame, je vous félicite. Je l'en ai remerciée. Après quelques minutes de conversation, elle est partie en exprimant un bref salut de la maison. Depuis lors, elle venait nous voir presque tous les jours. Mais elle ne s'attardait pas. À un moment donné, j'ai ressenti besoin de lui offrir un exemplaire de mon livre.

Un matin, elle est restée un peu plus longtemps à bavarder avec nous. Je l'ai invitée à me suivre dans le bureau situé à l'arrière du salon. Je lui ai offert le livre tout en lui glissant ces mots : Je sentais que je devais le faire. Elle m'a remerciée avec les larmes aux yeux. Emue moi aussi, j'étais au bord des larmes. Elle m'a fait un gros câlin. Elle M'a posé des questions sur la diffusion et mes nouveaux projets d'écriture. Je lui ai signalé que nous étions à la recherche d'un traducteur. etc. Elle est partie très touchée. Vers la fin de l'après-midi, elle est revenue. Voici ce que j'ai un peu plus tard écrit dans mon journal.

Journal

J'avais terminé ma journée de travail, quand Renata est retournée au salon pour nous confier qu'elle se sentirait honorée de traduire mon livre ; elle souhaitait, en le faisant, pouvoir retrouver des souvenirs qu'elle avait enfouis au fond de son cœur. Elle comptait lire l'ouvrage en même temps qu'elle le traduirait. Elle nous a même apporté un début de la traduction. Durant notre conversation, nous nous sommes aperçues que nous avions beaucoup de points communs.

C'est donc ainsi que nous avons déniché notre traductrice pour le livre. Nous avons par la suite entrepris ensemble plusieurs autres activités. Parfois, elle nous apportait de la bonne soupe, sa recette personnelle végétarienne. Nous sommes restées de très bonnes amies.

Deuxième partie

D'émouvants retrouvailles

Un jour, je me trouvais au salon avec Natatsha et Jacques, qui était venu réparer quelque chose pour ma fille. Mon cellulaire a sonné, c'était mon ami (l'amoureux mystérieux) qui m'appelait : Je suis à Montréal, m'a-t-il annoncé. Je viens de parler à ta sœur, elle m'a donné ton numéro. Elle m'a invité à souper. Mais elle m'a avisé c'est toi qui dois m'indiquer quel jour te conviendra le mieux. Je lui ai aussitôt répondu : Demain à 17 heures, je serai chez elle. Il m'a confirmé qu'il serait présent.

Le lendemain, j'ai fait savoir à Jacques que ma sœur m'invitait à souper parce qu'elle avait un ami qui arrivait de New York. Elle comptait sur moi pour le ramener à son hôtel après le souper. Je l'ai avisé que j'aurais alors besoin de ma voiture. Depuis qu'il était revenu à Montréal, il prenait ma voiture pour aller effectuer ses travaux de rénovation.

J'ai donc pris part au souper. Cela faisait au moins 20 ans que je n'avais pas vu mon ami. J'étais ravie de le revoir. Je lui ai parlé de moi, de mes occupations, de mon livre. Je lui ai dédicacé un exemplaire. Il m'a parlé à son tour de lui, de son travail, de ce qui avait changé dans sa vie, etc. À la fin de la soirée, je l'ai ramené à son hôtel. Notre rencontre avait été extrêmement agréable. À son retour à New York, il m'a appelé, mais je n'ai pas pu lui parler parce que Jacques n'était pas loin. Il m'avait donné sa carte de visite, je lui ai écrit. Il était maintenant devenu un ami, tout simplement. Il a une femme et des enfants. Cela fait du bien de revoir quelqu'un qu'on a déjà aimé.

Troisième partie

Les ruses de Jacques

Je n'arrivais pas à deviner les intentions réelles de Jacques. Il essayait d'être très gentil avec moi. Il n'avait pas lâché prise dans ses procédés de subtile surveillance. Il espionnait tout ce que je faisais. Il vérifiait même si je couchais des choses sous mes oreillers. Il surveillait constamment mes appels téléphoniques. Mais il le faisait de façon à peine perceptible. Un jour, il m'a accompagnée à une réunion de travail. Il y avait une table ronde, et je faisais partie des invités. Je lui avais confié mes mes livres et ma valise. Pendant que j'étais sur l'estrade, je l'apercevais, qui fouinait dans ma valise pour chercher je ne sais quoi. Je devenais très nerveuse. J'éprouvais de la difficulté à me concentrer, c'était terrible. Tout en agissant ainsi, il avait l'air doux et tranquille.

Cet homme a fait encore pire. Il avait ouvert une petite entreprise d'impression dans la pièce située à l'arrière du salon. Un jour il s'est absenté durant tout l'après-midi. J'ai supposé qu'il était parti exécuter un travail de rénovation. En quittant le salon à la fin de la journée, Je suis rentrée directement chez moi. J'ai aussitôt ouvert mon ordinateur pour consulter mon courrier électronique, Comme le serveur ne répondait pas, j'ai vérifié si l'appareil était branché. À ma grande stupeur, j'ai remarqué que plusieurs fils y avaient été connecté. Le fil téléphonique, quant à lui, aboutissait à une mallette fermée à clef. J'ai à l'instant même compris : Jacques m'avait mis sur écoute, comme il l'avait déjà fait dans notre maison de la rue Boyer ! C'est d'ailleurs cette histoire qui avait précipité notre première séparation en 1995. J'ai encaissé tout un choc ! J'ai immédiatement déconnecté le fil et rebranché l'ordinateur. Celui-ci s'est aussitôt mis à fonctionner. J'ai alors appelé Natatsha à qui j'ai tout raconté. L'incident m'a plongée dans un état de nervosité extrême. Je ne savais plus quelle conduite apporter.

Au retour de Jacques, j'ai gardé le silence sur ma découverte.

Il croyait bien sûr que j'étais toujours sur écoute. Il riait de tout et de rien et débitait presque sans arrêt de grossières niaiseries. De mon côté, Je me retenais pour ne pas crier mon dégoût. En plus de tout cela, il avait subtilisé mon compte de téléphone et composait à tout instant le numéro de téléphone d'un client anonyme de l'État de New York. J'ai en conséquence écopé d'une facture exorbitante. Mais je continuais de me taire. J'attendais en fait le moment propice pour dénoncer avec éclat toute sa turpitude. Il voulait à tout prix la guerre, il l'aurait.

Par mesure de prudence, j'ai confié à ma fille tous mes documents importants. Celle-ci m'a réitéré sa mise en garde : Mammy, évite de le provoquer. Avec lui, il faut pour le moment user de diplomatie. Et ne rien changer dans tes habitudes. Mais prend quand même rendez-vous aussitôt que possible avec ton avocat et explique-lui ce qui s'est passé : N'en parle pas à personne d'autre, y compris ta sœur que tu aimes tant. Pendant que je traversais ces douloureux moments, je demeurais malgré tout sensible à mon environnement et à ce qui se passait dans le monde. En témoigne le passage suivant de mon journal.

Journal

Souvenir du 11 septembre 2001

C'est l'anniversaire de l'attentat du 11 septembre 2001 à Manhattan, dans l'˙tat de New York. Je ne sais pas pourquoi je ne me sens pas bien. Tout au fond de moi, il y a de la tristesse. Je pense aux gens qui ont perdu leurs vies, à ceux qui s'en sont sortis, aux survivants, aux familles qui ont perdu l'un des leurs et aussi aux spectateurs comme nous.

Malgré tout, il y a quand même un effet positif à tirer sorti de cet événement. Aujourd'hui, les gens prennent le temps de regarder autour d'eux. De voir enfin que d'autres humains le côtoient. Et qu'ils ne sont pas seuls sur cette planète. Ils prennent le temps de vivre mieux, déréaliser qu'il y a une force qui nous guide dans nos activités quotidiennes.

Je pense à mon petit neveu Maki qui habite Manhattan. La journée de l'événement, je lui avais téléphoné pour lui demander de ses nouvelles. Il m'avait répondu d'une voix triste : « Tante Enice, as-tu vu que nous avons perdu notre New York ? Depuis ce jour-là, j'ai senti qu'il y avait quelque chose qui n'allait pas bien en lui.

Je connais d'autres personnes et j'ai des amis qui ont été vivement touchés par cet événement. Je prie pour eux et je crois que l'humanité devrait changer sa façon de vivre.

Salon du livre de Montréal

Il est 3 heures du matin, C'est la journée du Salon du livre de Montréal. Je suis réveillée depuis 2 heures du matin et je n'arrive pas à me rendormir. Je viens de réaliser l'ampleur de l'évènement auquel je vais participer et que ce sera grandiose pour moi. J'en remercie le bon Dieu. Il m'aime beaucoup et moi aussi je l'aime.

J'ai participé au Salon du livre le jeudi 14 novembre 2002.

Pour moi, ce fut un succès à tous égards. Ma santé me le permettant, j'ai tenu le coup jusqu'au bout. Côté social, c'est merveilleux : le publique me montre de la sympathie. Côté vente, c'est fabuleux. Du côté de mes enfants et de mes amis, beaucoup de gestes affectueux. Tout va bien, je suis fière de moi. Je remercie Natatsha, qui m'a aidé moralement.

Ma fille, malgré son travail, m'a prêté une constante assistance et m'a fortement encouragée. Ma sœur Irène m'a aussi appuyée de même que mon fils, même si celui-ci n'a pu venir au Salon. L'écrivain Dany Laferrière m'a très discrètement guidée. Je ne suis sentie grandie par le généreux soutien de toutes ces personnes.

Je ne peux que me réjouir de tout ce qui m'arrive. J'ai eu au Salon les nouvelles d'une amie qui été en même temps que moi pensionnaire chez les religieuses. Je l'avais perdu de vue depuis plus 30 ans. Ayant remarqué mon livre dans une librairie, elle l'avait acheté. Comme il ne lui était pas possible de venir au Salon, elle avait demandé à sa fille de me l'apporter en vu d'une dédicace. En même temps, elle me faisait parvenir des commentaires écrits qui m'ont très fortement émue. Je souligne aussi le cas de cette dame accompagnée de sa fille, qui a acheté 4 exemplaires du livre.

Elle projetait de les envoyer à des amis vivant à l'extérieur du pays.

L'accueil reçu par mon livre a largement dépassé mes espérances. C'est vraiment merveilleux. Des personnes qui m'avaient entendue dans des entrevue radiophoniques ou télévisées se sont déplacées, malgré le mauvais temps, pour venir me rencontrer. Oh, Jésus, que c'est beau ce que tu as fait pour moi ! Et il ne faut surtout pas que j'oublie de souligner la présence durant toute une journée, de ma très chère amie Renata, Constamment à mes côtés, elle prenait soin de moi comme mon bon ange. Je ne la remercierai jamais assez.

Voilà ! Tel est l'inoubliable souvenir que je garde de ma participation au Salon du livre de Montréal.

Quatrième partie

Hospitalisation d'Elle-Camay

Journal — 7 décembre 2002

Il est midi, je suis à l'hôpital Sainte-Justine dans la chambre où Elle-Camay, est hospitalisée depuis 10 heures du matin. Je viens remplacer Natatsha. Elle-Camay souffre d'une infection à la gorge et a des ganglions. Elle a très mal. Elle a eu 7 ans, le 3 décembre. Elle a fêté son anniversaire à l'hôpital. Elle a reçu eu beaucoup de cadeaux du personnel de l'hôpital et de la famille.

Elle-Camay est restée 9 jours à l'hôpital. Les choses se passaient assez bien, car chaque fois qu'elle allait recevoir ses traitements, lesquels étaient plutôt douloureux, le médecin lui offrait une peluche.

La forte exposition à la fatigue, c'était surtout pour Natatsha et moi. Elle passait la nuit avec sa fille et moi, j'y allais le jour. Tout en veillant sur Elle-Camay, je pensais à mon fils qui devait passer des examens pour l'obtention d'un emploi à la Ville de Montréal. J'ai prié pour lui. Il a obtenu le poste. Tout allait donc bien pour la famille. Nous avons terminé l'année en beauté et en étions très heureux. Avant les fêtes de fin d'année, j'ai participé à plusieurs séances de signatures dans des librairies et d'autres endroits où on m'invitait.

Chapitre 17

Une lettre de rupture
Le début de l'année 2003
Première partie

Nous avons passé un jour de l'an en famille et calme comme d'habitude. Avec l'épuisement que je venais de connaître, j'avais droit à quelques jours de repos. Je serais dès lors prête à commencer l'année du bon pied. Le mois de janvier a été tranquille. Mais Jacques était toujours en train de m'espionner. J'avais le cœur triste. Avant les fêtes, j'avais appelé mon avocat pour obtenir un rendez-vous. Malgré tout, je n'étais pas encore fixée sur quel parti prendre. Je continuais de réfléchir à toute la question. Cette fois-ci, j'étais bien décidé à ne pas retourner en arrière. En conséquence, il fallait bien faire les choses et maintenir une entière discrétion. Le mois de février touchait à sa fin.

Je reproduis ici un passage de mon journal.

26 février 2003

Je n'ai pas écrit depuis le débute l'année et pourtant j'ai long à raconter. Ces jours-ci, J'éprouve de la difficulté à me concentrer surtout quand je me sens espionnée.

28 février 2003

Je suis au restaurant Saint-Hubert à Montréal-Nord. Je suis seule, je me sens bien. J'ai commandé un repas et ensuite un cocktail de fruits. J'attends le moment de me rendre à une réunion organisée par une association dédiée à la langue créole. L'endroit de la rencontre n'est pas loin du restaurant. Je prends mon temps. Je n'ai pas ma voiture. Jacques l'a endommagée au point que je dois m'en acheter une autre. Il est venu me déposer très tôt au restaurant. Pour passer le temps, je visite un petit centre commercial. Natatsha accepte de venir me chercher après son travail. Je ne m'inquiète pas.

Entre Jacques et moi, jour après jour, la situation s'envenime.

Nous nous disputons tout le temps au point que Mikaël, le petit garçon de 4 ans Natatsha, se fâche contre Jacques : Pourquoi tu cries aussi fort sur grand-maman ? Elle n'est pas méchante, tu la fais pleurer tout le temps ! Jacques s'amuse à m'écrire des lettres ou pour me dire des bêtises et pour me faire des reproches. Il ne me lâche pas d'une semelle. Je ne peux voir aucun autre homme et, de toute façon je n ai pas cela dans ma tête. J'en ai déjà un qui est de trop pour moi, pourquoi dons chercher ailleurs ! Je ne fais en outre plus confiance aux hommes. Je suis à bout.

Bien que je prenne des somnifères, je ne dors pas bien. Je vis un stress permanent. Mon cœur bat à tout rompre, au moindre bruit. Il a créé en moi une vulnérabilité qui me rend anxieuse, angoissée et vidées comme un zombi. Je suis vraiment malade. Mon rendez-vous avec mon avocat est fixé pour la fin du mois de mars.

Je vais rencontrer l'homme de loi, ma fille m'accompagne, je le mets au courant de tout : Madame Toussaint, me fait-il, est-ce que cette fois-ci c'est sérieux ? Et est-ce que vous êtes prête pour le divorce ? Ma réponse est prompte de ferme : Oui, Maître, et le plus vite possible. Cette fois-ci, je ne pars pas, c'est lui qui doit partir. Pour cela, je dois lui remettre en main propre le document ouvrant la procédure de divorce. Il se montre curieux de savoir comment je vais m'y prendre. Je lui explique que comme Jacques doit partie pour Haïti le 15 avril, je lui emmétrerai le document dès son retour à Montréal, dans la soirée du 17 mai 2003. Il devra aussitôt quitter la maison. L'avocat et ma fille me recommandent de lui accorder une journée de sursis, J'accepte leur conseil. L'avocat conclut la rencontre par cette motivante remarque : C'est la première fois que je vous vois sûre de vous, je vous fais confiance. J'ai maintenant toutes les informations pertinentes. Je vous appellerai au mois de mai pour venir chercher l'acte de procédure. Il nous serre la main et nous prenons congé de lui.

21 mars 2003

Ce matin, je suis restée au lit. J'ai trop mal partout. J'ai prié Dieu de m'éclairer, et de me guérir de toutes maladies qui dominent mon corps de m'aider à mieux me comprendre. Je sais investie d'une mission sur terre et j'aimerais l'accomplir, mais pour cela j'ai besoin de toute ma santé et de l'accompagnement sans faille d'un ange.

J'aspire au calme et à ne prendre soin que de moi-même.

Maintenant, je recherche la paix. Je suis réveillée depuis 4 heures du matin. Vu que je n'arrive pas à me rendormir, j'ai décidé de me lever, J'ai écrit un peu. Je pense, au printemps qui vient d'arriver enfin. Je vais me sentir bien, puisque c'est ma saison préférée. Rien ne qu'à y penser, je vis. Et je viens juste de me souvenir de vérifier les numéros gagnants de la loterie.

J'ai consulté internet et j'ai constaté que j'avais 5 bons numéros sur 6 à Québec 49, ce qui signifiait que j'avais gagné 500,00 $, j'étais contente. J'ai remercié Dieu pour ce si beau cadeau qu'il m'a donné.

3 avril 2003

Patrick m'avait invitée avec sa mère au théâtre Saint-Denis pour assister au spectacle du groupe Shoboulou d'Haïti Luck Merville devait lui aussi s'y produire. Nous sommes allés ce soir au spectacle. C'était bien, Luck a fait très bonne figure. Je l'ai bien aimé. Le lendemain, j'étais tellement fatiguée. Je ne pouvais plus entendre personne. Il y avait eu trop de bruit dans la salle de spectacle.

Je continue mon récit

Jacques devait partir pour Haïti le 15 avril 2003. De mon côté, je comptais me rendre à Québec pour participer au Salon du livre, le 14 avril 2003. Il m'a offert de m'emmener à Québec cette journée-là. J'ai accepté. Durant le voyage, Nos échanges ont été plutôt bref. Je cherchais mes mots. L'atmosphère était lourde. Cet homme qui était mon mari m'a joué tellement de mauvais tours que je n'avais plus confiance en lui et que je ne trouvais plus rien à lui dire. Je résistais à la tentation de le haïr, mais je réprouvais ce qu'il m'avait fait : Tu ne haïras pas ton prochain. Ordonne le commandement divin.

Journal 14 avril 2003

J'ai décidé d'écrire ce qui m'arrive depuis quelques jours.

Pour commencer, le 12 avril, je suis allée au Salon du livre du Québec. J'ai aimé l'expérience. Les gens ont beaucoup apprécié mon livre et j'en ai vendu aussi. À la fin de la journée, j'étais éreintée, surtout que J'ai dû revenir à Montréal le même soir.

Jeudi soir, j'ai eu une dispute avec Jacques au sujet de ma réponse à une lettre qu'il m'a écrite. Il y a de cela deux semaines, comme je l'ai déjà mentionné, il m'avait mise sur écoute.

Il m'avait déjà fait le coup et ce geste indigne avait causé notre première séparation en juin 1995. À mettre aussi au compte tous ces actes de malveillance que j'ai subis durant les 28 années que j'ai passées avec lui. Je pressentais donc que je ne mettais pas à la porte, mous finirions un jour par nous entre-tuer. J'avais pris la décision de lui écrire une lettre de rupture avant son départ pour Haïti. Et une autre lettre jointe à une carte d'anniversaire de la journée de son départ.

Lettre de rupture

Le dimanche 13 avril 2003

J'aimerais que tu prennes le temps de bien lire ma lettre.

Mon cher Jacques,

J'ai constat que nous ne pouvons plus communiquer comme avant sur les sujets liés à nos de sentiments, il y a une barrière. De mon côté, j'ai beaucoup changé. Pour mes sentiments envers toi, je ne sais pas ! Tu sais, quand je fais une chose, c'est parce qu'il y a une raison. Au sujet des accusations que tu as portes contre moi, prétendant que j'ai couché avec un autre homme, je trouve que c'est un manque de respect parce que depuis que je suis avec toi (1973), je ne t'ai jamais Trahi et j'en suis fière parce que j'ai tenu la promesse que je t'avais faite alors que toi, que tu as brisé la tienne. L'amour que j'avais pour toi s'est changé en pitié, et je me suis justement aperçue que c'est pour cette raison que nous ne pouvions plus communiquer. Cette barrière reste et ne trombe pas.

Je pensais pouvoir l'enlever, mais c'est trop lourd pour moi. J'ai compris que, si je n'abandonne pas, je vais y laisser ma peau et nous allons nous détester l'un l'autre. Or, je veux à tout prix éviter cela.

Il vaut mieux nous laisser tout en restant des amis. Pour le moment, nous sommes colocataires. À ton retour d'Haïti, tu chercheras un logement pour le mois de juin. Si tu as besoin d'un service et que je ne suis pas occupée, je serai là pour toi. J'ai beaucoup réfléchi à notre situation et je pense que c'est la meilleure décision pour nous deux.

Tu crois que j'appelle à New York pour contacter un amoureux. Non, Jacques tu te trompes. Je ne veux pas d'un homme maintenant dans ma vie. J'ai tellement de choses à faire. Tu devrais t'apercevoir que les aventures ne m'intéressent pas actuellement. Je dois commencer mon deuxième livre ; pour cela j'ai besoin du temps à moi. C'est très sérieux pour moi, ce n'est pas un jeu. De plus, à cause de ce que j'ai enduré au cours de toutes ces années, j'ai besoin de respirer et de jouir de ma liberté.

N'oublie pas que nous avons nos enfants et nos petits-enfants que nous aimons beaucoup et qui nous aiment. Ne t'inquiète pas, je vais leur expliquer la situation avec amour. Ils vont comprendre et, comme tu seras toujours le bienvenu, ce ne sera pas comme les dernières fois. Je te laisse, mon cher ami, sinon je vais être en retard à l'église. Avant ton départ, je t'écrirai une autre lettre. Sans rancune !

Amitiés.

Enice T.

Je continue mon récit

J'ai remis à Jacques la deuxième lettre le matin à son départ avant qu'il prenne l'avion. Je l'avais placée dans une carte de son anniversaire. La date de son anniversaire étant le 19 avril.

Durant son absence, j'ai préparé la requête en divorce avec mon avocat. Je me suis aussi préparée moralement en prévision de son retour. J'ai également réaménagé l'appartement, en enlevant tous ses effets personnels. J'ai entreposé ceux-ci dans une pièce dans du sous-sol. Pour des raisons d'affaires, je ensuite partie en voyage, accompagnée de ma fille.

Lundi 14 avril 2003

Bien cher ami,

Te souviens-tu quand tu nous as emmené le petit chien Toby à la maison ? Dans ce temps-là, les enfants étaient jeunes, nous étions fous de joie de l'accueillir dans la famille. Il était mignon et innocent. C'était bien. Tu étais le Jacques que je connaissais avant.

Nous étions une famille heureuse et pour moi, c'était pour la vie. Il est vrai que ce n'était pas toujours rose. Tu sais, les gens changent et vieillissent ! C'est comme le petit Toby qui a grandi et est devenu grand et fort, mais qui restait quand même fidèle à ses maîtres. Toi, tu as commencé à changer graduellement et encore plus après la mort de ta mère. Et cela s'est aggravée jour après jour. Les enfants eux aussi ont changé, de même que moi d'ailleurs. En fait, le temps lui-même change, c'est ainsi la vie et nous devrions suivre le temps. Nous devrions alors suivre notre destin, et cela, sans nous détester comme tant d'autres le font. Maintenant, Jacques, tu comprends ce que je veux te dire à travers cette lettre.

Sur ce, je te laisse. Je te souhaite un bon anniversaire et de joyeuses Pâques. Fais attention à toi en Haïti.

En toute amitié,

Enice

Voyage à New York avec ma sœur en autocars

Le 5 mai 2003

Je me suis réveillée ce matin à New York. Je suis chez tante Dadia avec ma sœur Irène. Il est 6 heures 30 et il fait beau. Le soleil a commencé à se lever. Ma sœur qui parte le lit avec moi n'est pas encore levée. Tante Dadia et sa fille dorment encore dans une autre chambre. Je me sens bien. Je sens la vie, j'exulte. Il y a quelque chose en moi qui me donne le goût de bouger. De l'énergie, quoi d'autre. J'ai envie d'écrire, de partager ce bonheur avec d'autres, en écrivant.

Je suis à New York depuis vendredi matin avec Irène. C'est la première fois que je fais un voyage avec elle, et l'occasion va me permettre de la connaître un peu plus. Nous avons fait un bon voyage. Nous sommes descendues au terminal de Port Authority à de Manhattan et avons fait un changement de bus pour Queens.

Tante Dadia est venue nous chercher à la station. J'étais fatiguée parce que nous avons voyagé toute la nuit. Je me sentais faible. Je n'avais pas dormi beaucoup durant le voyage. Et vu mon état physique, à cause de mon épuisement j'étais un peu nerveuse, j'évitais autant que possible de parler.

Chapitre 18

Retour de Jacques à Montréal

Ma séparation et mon divorce

Jacques est revenu le 17 mai 2003 à Montréal. Durant son séjour en Haïti, il me harcelait par des courriers électroniques mensongers et remplis d'accusations farfelues. À un moment donné, je ne les lisais plus. Quand il m'appelait, c'était pour contrôler mes faits et gestes, et pour me crier des bêtises. À la longue, je craignais de lui parler. Je ne répondais plus à ses questions, puisque de toute façon je savais ce qu'il me restait à faire.

Personne n'était au courant de mon plan, sauf ma fille.

Pendant mon séjour à New York avec ma sœur, et ma tante, Natatsha et moi avions cependant discrètement annoncé à quelques proches que j'allais demander le divorce. Elles ne me croyaient pas. Elles avaient émis des doutes : Tu es Sûre, Nounoune, que tu vas le faire ? Leur réaction m'avait un peu irritée : C'est pour cela que je ne voulais pas vous en parler. J'avais poursuivi : Je suis très sérieuse et déterminée. Je vous l'ai dit. Qu'on n'en parle plus ! Passons à autres choses.

Je suis allée le chercher à l'aéroport. Comme d'habitude, il avait maigri. Je lui ai donné un léger bec sur la bouche. Durant le retour à la maison, nous avons échangé des nouvelles sur les membres de la famille de Montréal et d'Haïti. Avant son arrivée, j'avais pris le soin d'empaqueter ses effets personnels. Je les avais mis dans une pièce du sous-sol. Tout était prêt pour l'exécution de mon plan. J'avais été cherché dans les documents pertinents au bureau de mon avocat.

En arrivant à la maison, nous sommes montés tout de suite chez Natatsha qui avait préparé le souper pour toute la famille. Les salutations faites et le souper terminé, nous sommes descendus. Il n'a pas caché sa surprise : Qu'est-ce qui se passe ? On dirait que la pièce est plus grande. Je lui ai rétorqué : « J'ai fait un grand ménage. Il s'est assis devant mon ordinateur et a tenté d'accéder à mon courrier électronique.

Il a paru contrarier : Tu as changé ton code ? Ma réponse a été évasive : Il y a beaucoup de choses qui ont changé. J'ai ouvert un tiroir de mon bureau, j'en ai sorti le document, et je lui ai déclaré : « Tu sais, Jacques, cela fait longtemps qu'entre toi et moi, il n'y a plus de vie Les rapports sont trop négatifs entre nous deux. Avant que la haine ne s'installe entre nous, je pense que c'est mieux pour nous de nous séparer. Il a répliqué : « C'est toi qui sais. Je lui ai présenté le document en lui émettant cet avertissement : Voici la procédure de divorce, tu as jusqu'à demain pour partir. Silencieusement, il a pris le document. Il l'a ouvert pour le lire. Prise soudain de pitié, je lui ai fait cette offre : Si tu ne trouves pas encore d'endroit, je te donne un délai jusqu'à dimanche. Nous étions au vendredi soir. Il m'a dit : Oui, a-t-il fait, timidement.

J'ai très rapidement changé de conversation. Je le sentais nerveux. Je lui ai fixé cette condition : Tu ne pourras pas coucher à côté de moi, dans le lit. Je me suis couchée. Il ne dormait pas et, la lumière n'empêchait de dormir. Je lui ai lancé : Il est tard, j'ai besoin de dormir. Il est allé aux toilettes. Puis il est venu me parler : je suis trop fatigué, je ne peux pas dormir sur le matelas posé à même le sol. Pour une nuit ; est-ce que je peux me coucher près de toi ? J'ai accepté. Dès qu'il s'est étendu dans le lit, il a tenté de m'immobiliser. Il m'a chuchoté : Nous allons faire l'amour pour une dernière fois. Me dégageant avec force et fureur, j'ai riposté : tu sais, nous avons fait l'amour pour la dernière fois le 15 avril 2003, la veille de ton départ pour Haïti. Alors, mon cher, je ne ferai jamais plus l'amour avec toi. C'est toujours une dernière fois qui entraîne les autres fois, alors c'est fini. Et j'ai conclu : Si tu essayes de me toucher, je vais crier et les enfants s'empresseront de venir voir ce qui se passe. Il est resté couché dans le lit et après avoir tourné le dos, il s'est endormi. Transie de peur, j'appréhendais qu'il tente à nouveau de me toucher.

Le lendemain, il est sorti vers midi. Il s'est rendu chez sa cousine pour lui demander de l'héberger. Cette journée-là, je n'ai pas quitté la maison. En fin de soirée, j'ai préparé un bon souper. Après son départ, je m'étais assise dans un fauteuil, et j'avais eu cette pensée : C'est la première fois que je refusais de donner du sexe à Jacques et que je lui résistais. Je suis fière de moi. Merci, Jésus.

Je me sentais vraiment forte. Je n'étais animée d'aucun sentiment de tristesse ni de haine envers Jacques. J'avais trouvé la sérénité. À son retour, il a mangé. Il m'a ensuite annoncé que sa cousine acceptait de lui aménager une chambre chez elle et qu'il partirait le lendemain. Il n'avait à se préoccuper de rien, puisque j'avais déjà rassemblé dans des boîtes tous ses effets personnels. Le lendemain, avec mon aise, il a tout mis dans une remorque. Vers midi, il avait déjà fini.

Avant son départ, il est venu me dire, au revoir. Il m'a donné un câlin tout en murmurant : Enice, tu sais, c'est la première fois de ma vie que j'ai peur. Je lui ai répondu : Tu sais, Jacques, c'est la première fois, depuis que je suis avec toi, que je me sens aussi forte. Tu as toujours pris toute ma force. J'ai toujours eu peur, mais maintenant je me sens bien. Je n'ai plus peur et je me sens forte.

Je lui ai souhaité : Bonne chance, il m'a de nouveau embrassé et il est parti. L'espace de quelques secondes, j'ai ressenti un sentiment de compassion pour lui. Mais, immédiatement, je me suis reprise. Je suis sortie le conduire à son véhicule. Je l'ai regardé s'éloigner. De retour dans ma chambre, je me suis dit à haute voix : Je ne veux plus jamais être l'esclave d'aucun homme. C'est mon engagement profond. Merci, Jésus !

Aujourd'hui 19 mai 2003, *il est 4 heures 30 du matin, je viens de Terminer mon dernier manuscrit, merci Jésus !*

Réflexion de l'auteur

En écrivant le premier volume du livre une femme parmi tant d'autre, J'ai éprouvé une sensation de bien-être. Je me sentais encadré par la chaude affection que mes parents m'apportaient, l'union et l'amour qui régnaient dans la famille, et la générosité de mes deux parents envers leur prochain m'a également ému. Jusqu'à ce qu'il arrive l'inévitable, qui a bousculé ma vie. Ce fut la plus belle partie de ma vie.

À mon jeune âge il a eu le décès de ma mère. Mon ressentiment vis-à-vis de ma séparions entre ma sœur Irène et mon frère Robert était un deuxième déchirement. Je me souviens d'une sœur forte, protectrice à la rigueur guerrière.

Un père se définit comme un héros aux yeux de sa fille, mais le mien s'est décrit comme un déloyal. L'amour que j'avais pour mon père était plus fort que la haine. Alors, j'ai reconnu son impuissance, c'est pourquoi je l'ai pardonné.

Durant tout au long de l'écriture de mon enfance et adolescence, je ressentais, le pouvoir et l'ignorance et l'insouciance de l'être humain.

Des changements sans répit. L'ignorance était encore là sur une autre forme. Nouvel environnement, nouvelle classe sociale, de nouveaux amis. Malgré tout cela, dans mon cœur il y avait de l'amour. Ma timidité en amour.

L'envie de mourir pour rejoindre ma mère. La révélation qui m'a sauvé de cet enfer et m'emmener vers sœur Berthe dont mon instinct me fait ressentir que j'ai trouvé la sécurité.

Puis, je me suis retrouvé un mariage non désiré que je n'ai jamais pu accepter. Ma naïveté, et ma peur. L'infidélité, le non-respect et la méchanceté de cet homme m'empêchaient de lui ouvrir mon cœur.

Jusqu'à mon deuxième mariage avec Jacques qui fut célébré dans la tourmente. J'étais loin de penser à l'époque que ce choix librement accepté et souhaité m'amènerait sur un chemin si tortueux, qu'il ne puisse être imaginé que par le plus grand des prophètes. Y a-t-il eu une parcelle de bonheur dans cette vie rêvée ? L'espoir d'une vie de couple enfin stabilisée se pointait à l'horizon, me disais-je ! Dans mon esprit, tout était en place pour nous permettre de donner à nos enfants toutes les chances de réussite possibles, afin qu'un jour, nous contemplions avec joie et fierté leur bonheur à travers nous et avec nous.

C'était sans compter sur l'autre partie qui constituait le couple. Sans me rendre compte, ou par incrédulité, je me suis retrouvée, sans crier gare, sur une pente descendante à tous les points de vue : social, familial, matériel, économique, etc. Tous ces épisodes malheureux vous sont rapportés dans ces livres que j'ai eu beaucoup de difficultés à entreprendre l'écriture.

Aujourd'hui, vous allez partager avec moi toutes les péripéties dont j'ai eu à faire face, pour finir par apprendre à me révolter un tant soit peu de ces situations de bassesse, de soumission, et même d'esclavage sexuel, subites aux mains d'un être qui se comportait avec nous comme un chef de camp de concentration inhumain, sans âme, d'aucune civilité, barbare et rétrograde.

Je vous expose dans ces lignes une partie importante de mon intimité qui m'a profondément humiliée. Car j'ai conscience aujourd'hui que tout cela n'aurait pas dû perdurer si longtemps.

Ainsi donc, on entend souvent cette réflexion : La Vie est un long fleuve tranquille, qui coule paisiblement à mer. Dans mon cas, il semble que le mien coulait en sens inverse, ce qui correspondait à la vie tourmentée que j'ai eue avec mes deux ex-conjoints. Donc, je n'avais aucun espoir de passer à travers toutes les affres, tribulations, injustices, déceptions et railleries de toutes sortes subies aux mains d'un homme qui voulait à tout prix rester mon mari, mais à ses conditions.

Fort heureusement, j'ai trouvé dans l'écriture la force nécessaire pour me libérer de ses griffes et partager avec vous tous ces « va et vient ridicules qui ont façonné ma vie que je vous ai présentée sous une forme de confessions et d'aveux dans mes premiers livres.

Dans Une femme parmi tant d'autres, tome 1, 2 et 3, je me suis appliquée à faire l'histoire de ma vie tortueuse et sous le contrôle d'un sadique que j'ai mis trop de temps à identifier comme tel. Je m'en suis sortie vivante et fière de pouvoir vous présenter ce quatrième et dernier Tome « Une femme parmi tant d'autres, pour clore ce chapitre de ma vie entourée des miens. Sur ce, bonne lecture et je vous demande de ne pas me juger trop sévèrement, car j'ai conscience aujourd'hui que tout cela n'aurait pas dû perdurer si longtemps.

Merci.

Auteur Enice Toussaint

Une femme Parmi tant d'autres écrit, par Enice Toussaint

Est le quatrième Tome d'une série de quatre Tome,

Publiés par

Édition Nouveau Siècle

ENS Publishing

Pour information, contact Natatsha Casimir

Visité notre site internet: www.enspublishing.com

Courriel: ediontionsens@gmail.com

Éditions Nouveau Siècle

www.ingramcontent.com/pod-product-compliance
Lightning Source LLC
Chambersburg PA
CBHW061228070526
44584CB00030B/4040